加拿大公共外交的
历史、特色与启示

张笑一·著

THE HISTORICAL
CHARACTERISTICS AND LESSONS OF
CANADIAN PUBLIC DIPLOMACY

时事出版社
北京

目　　录

导　论 ……………………………………………………… | 1
　一、公共外交的定义、目标与特点 ………………………… | 2
　二、本书的历史视角 ………………………………………… | 7

第一章　诞生期：麦肯齐·金第三任期
　　　　（1935—1948 年）………………………………… | 10
　一、背景与目标 ……………………………………………… | 11
　二、决策与实践 ……………………………………………… | 16
　三、总结与评价 ……………………………………………… | 39

第二章　发展期：圣劳伦特、迪芬贝克和皮尔逊政府时期
　　　　（1948—1968 年）………………………………… | 40
　一、背景与目标 ……………………………………………… | 41
　二、决策与实践 ……………………………………………… | 47
　三、总结与评价 ……………………………………………… | 74

第三章　关键期：皮埃尔·特鲁多政府时期
　　　　（1968—1979 年、1980—1984 年）………… | 76
　一、背景与目标 ……………………………………………… | 77
　二、决策与实践 ……………………………………………… | 82
　三、总结与评价 ……………………………………………… | 109

第四章　辉煌期：克雷蒂安政府时期
　　（1993—2003 年） ………………………………… | 110
　　一、背景与目标 ……………………………………… | 111
　　二、决策与实践 ……………………………………… | 117
　　三、总结与评价 ……………………………………… | 150

第五章　曲折发展期：史蒂芬·哈珀政府时期
　　（2006—2015 年） ………………………………… | 152
　　一、背景与目标 ……………………………………… | 153
　　二、决策与实践 ……………………………………… | 154
　　三、总结与评价 ……………………………………… | 164

第六章　贾斯汀·特鲁多政府时期
　　（2015 年—） ……………………………………… | 165
　　一、背景与目标 ……………………………………… | 166
　　二、决策与实践 ……………………………………… | 168
　　三、总结与评价 ……………………………………… | 188

结语　加拿大公共外交的传统与创新 ……………………… | 190
　　一、加拿大公共外交的价值观：承载自由国际主义 …… | 190
　　二、加拿大公共外交的主体：紧密联系公民社会 ……… | 200
　　三、加拿大公共外交的媒介：跟随技术潮流 …………… | 205

导　　论

　　21世纪以来，公共外交成为各国外交的重要议题。"9·11"事件后，美国为了在世界（尤其是伊斯兰世界）赢得民心，通过了《自由促进法案》，每年拨款4.97亿美元用于公共外交，国防部和白宫也相继开设特别部门支持公共外交。英国近年来也加大了公共外交的力度，在深入挖掘传统文化的基础上，力争推陈出新向世界展示一个时尚、创意十足的国家形象，其在中国举行的"创意英国"等系列活动，通过展览、互动体验、大型表演等多种形式，成功吸引了中国的大批年轻受众。[①] 韩国以文化外交为抓手，通过推广韩国的文化产品来加强国家品牌的建设，使得"韩流文化"背后的韩国传统文化和价值观有了更大的国际影响力。[②] 为了讲好中国故事、传播好中国声音，中国积极利用媒体在国际舆论场中提高中国的声量。北京时间2019年5月30日，中国国际电视台女主播刘欣与福克斯商业频道主播通过卫星连线直播的方式就中美贸易问题展开辩论，"得到的就是一个在美国普通民众的讲课厅里跟他们说话的机会"。[③]

　　中国将公共外交定位为"大国外交的重要组成部分"，指出加

[①] 钟新：《整合传播"创意英国"：英国对华公共外交策略》，《公共外交季刊》2013年第3期，第87—89页。
[②] 张琪：《公共外交视角下的韩国国家形象构建浅析》，《当代韩国》2017年第2期，第54页。
[③] 许静、张晓桐：《从对抗到对话的媒体公共外交——"5·30"中美女主播访谈的话语分析》，《新传播》2021年2月6日，https://www.dutenews.com/p/1262383.html。

强公共外交是"推进中国特色大国外交的必然要求""推进我国软实力建设的应有之义""提升我国国际话语权的迫切需要"。① 为了提升我国的公共外交能力，有必要放眼世界汲取成功经验。

加拿大是受益于公共外交的一个典型案例。作为一个人口不到4千万的中等力量国家，加拿大却在许多国家品牌世界榜单中稳居前列，享受着"世界好公民""和平缔造者""知识经济人"等众多光环。加拿大外交与国际贸易部曾在其官方网站上用"超实力发挥"来概括该部门在提升加拿大国际地位方面的作用。② 而加拿大这样一个中等强国之所以能够做到"超实力发挥"，很大程度上要归功于它在公共外交上做出的长久努力。加拿大公共外交的成功经验值得借鉴，本书将从历史的角度梳理加拿大公共外交的发展历程，分析其成就背后的成因，并对加拿大公共外交的特色与经验进行提炼。

一、公共外交的定义、目标与特点

虽然公共外交的严格定义并非本书讨论重点，但为了界定讨论对象、深入理解加拿大公共外交的发展历程，此处有必要先简单厘清公共外交的定义、目标与特点。

---

① 王毅：《加强公共外交是推进中国特色大国外交的必然要求》，中华人民共和国外交部官网，2020年1月15日，http://new.fmprc.gov.cn/web/wjbzhd/t1732676.shtml。
② "'Punching Above Our Weight': A History of the Department of Foreign Affairs and International Trade", Dec. 15, 2010, https://epe.lac-bac.gc.ca/100/206/301/faitc-aecic/history/2013-05-03/www.international.gc.ca/history-histoire/department-ministere/index-1.aspx@lang=eng.

（一）公共外交的定义

据美国南加州大学公共外交研究专家尼古拉斯·卡尔教授考证，"公共外交"作为国际关系领域的特定概念，最早由塔夫兹大学弗莱彻法律与外交学院院长埃德蒙·格里恩在1965年提出，当时它的定义为："公共外交旨在处理公众态度对政府外交政策的形成和实施所产生的影响。它包含超越传统外交的国际关系领域：政府对其他国家舆论的培植，一国私人利益集团与另一国的互动，外交使者与国外记者的联络等。公共外交的中心是信息和观点的流通。"[1] 美国学者汉斯·塔克进一步明确了公共外交的主体与目标，他认为，美国的公共外交是"一种为了更好地增进对美国的理想与理念、机构与文化，以及国家目标与当前政策的理解，而由政府开展的与外国公众交流的努力"。[2] 加拿大学者埃文·波特将"公共外交"简洁地概括为"一国政府为了使他国政策或民意有利于本国利益而做出的影响他国精英或大众舆论的努力"。[3] 总之，从概念来看，公共外交具有三个基本特征：一是行为对象是另一国的公众，这使得公共外交区别于行为对象主要是另一国政府的传统外交；二是行为主体是一国政府，这意味着公共外交不同于民间外交，而必须由一国政府出面组织或幕后支持，并代表政府的意志；三是行为目的最终是维护和实现本国的国家利益。

---

[1] Nicholas J. Cull, "'Public Diplomacy' Before Gullion: The Evolution of a Phrase", Apr. 18, 2006, USC Center on Public Diplomacy, https://uscpublicdiplomacy.org/blog/public-diplomacy-gullion-evolution-phrase.

[2] Hans N. Tuch, "Communicating with the World: US Public Diplomacy Overseas", New York: St. Martin's Press, 1990, pp. 3-8；檀有志：《美国学界的公共外交研究简况》，《美国研究》2013年第2期，第130页。

[3] Evan H. Potter, "Branding Canada: Projecting Canada's Soft Power through Public Diplomacy", Montreal: McGill-Queen's University Press, 2009, p. 32.

总体而言，加拿大的公共外交符合这三点特征，但从实践来看，它也有自身的特色。首先，加拿大公共外交的对象是他国民众，但本国民众在其中的作用也不可忽视。不同于禁止国内公众接触某些公共外交资源（如"美国之音"）的美国，加拿大向国内民众开放针对国外民众的宣传。[①] 公民参与也是加拿大公共外交政策制定的重要一环。例如，克雷蒂安政府启动大规模"外交政策全民参与"活动，并专门开辟了"外交政策电子对话"网站吸引民众参与。其次，国家利益是加拿大开展公共外交的根本目的，但加拿大的公共外交带有浓厚的自由主义色彩。自由党在加拿大长期执政，因此加拿大的公共外交长期受自由主义价值观影响，关注"人类安全"、欠发达国家的发展与弱势群体的权利保护。[②]

（二）公共外交的目标

波特认为，经济合作与发展组织中大部分成员国开展公共外交的目标可分为七点[③]：（1）增加出口、投资、互惠互利的科技合作；（2）鼓励对国家有利的移民；（3）刺激旅游业发展；（4）吸引国际留学生，促进学者交流；（5）宣传、改善国家治理方式；（6）提高国家国际贸易与安全政策获得的支持率；（7）向国内民众展示国际上取得的成功，加强、改善民族身份认同。公共外交的目标可分为短期、中期和长期目标，马克·莱纳德认为随着时间范围不同，公共外

[①] 张笑一：《"超实力发挥"——加拿大公共外交的历史、特色及启示》，《国际关系》2011 年第 3 期，第 36 页。

[②] 张笑一：《"超实力发挥"——加拿大公共外交的历史、特色及启示》，《国际关系》2011 年 3 期，第 36 页。

[③] Evan H. Potter, "Branding Canada: Projecting Canada's Soft Power through Public Diplomacy", Montreal: McGill – Queen's University Press, 2009, p. 43.

交活动有三个不同的维度：反应型、主动型以及关系建立型。①

反应型公共外交指"媒体关系和新闻信息活动"，这里的新闻信息主要"由政府通过中央传播机构和外交部媒体关系办公室等途径实现管控"，通常以小时或天为周期单位，旨在介入作为公众主要信息来源的新闻传播过程、处理日常沟通中的事务。② 例如，二战期间，加拿大通过战时新闻委员会向国内外公众及时播报战况，并利用国家电影局展示加拿大在战争中的贡献及事迹，这说明加拿大通过短期公共外交联合国内外舆论，以实现本国击败法西斯国家的首要目标。

主动型公共外交又可称为"战略沟通"，以中等周期内（通常几个月，有时几年）战略性、大部分由政府管控的沟通为特点，通常包括事务管理、宣传运动、政治营销等。③ 宣传运动在哈珀执政期间尤为显著——包括针对加拿大油气资源、教育资源、旅游资源以及贸易自由化的宣传，其中跨度最长、最引人注目的是对"拱心石 XL 输油管道项目"的宣传。

关系建立型公共外交旨在通过"长期、不受政府控制的"交流活动从而树立本国"更立体的形象"，"拓展、加深外国民众对本国经济、政治及社会发展的认知与理解"。④ 长期公共外交的指导原则是"国家间互惠互利"，这就将其与政治宣传区分开来。从政府的角色来

---

① Mark Leonard, "Diplomacy by Other Means", Foreign Policy, NO. 132, 2002, pp. 48 – 56. Cited in Evan H. Potter, "Branding Canada: Projecting Canada's Soft Power through Public Diplomacy", Montreal: McGill – Queen's University Press, 2009, p. 44.

② Evan H. Potter, "Branding Canada: Projecting Canada's Soft Power through Public Diplomacy", Montreal: McGill – Queen's University Press, 2009, p. 44.

③ Evan H. Potter, "Branding Canada: Projecting Canada's Soft Power through Public Diplomacy", Montreal: McGill – Queen's University Press, 2009, p. 45.

④ Evan H. Potter, "Branding Canada: Projecting Canada's Soft Power through Public Diplomacy", Montreal: McGill – Queen's University Press, 2009, p. 45.

看，政府仅仅是一个"思想观点交流的催化剂"，而非管控人。① 加拿大开展的众多文化艺术交流活动（例如迪芬贝克政府发起的"英联邦奖学金和研究金计划"、老特鲁多政府的"中加学者交换项目"）都属于此列。

（三）公共外交的特点

公共外交的特点可以从两个角度来理解：一是公共外交与其他众多领域的交叉；二是公共外交"一体两面"的本质。

公共外交是政治、安全、文化、经济等多领域的复合体，因此，公共外交的常见工具包括"政府间政治沟通、大众媒体、文化外交、教育交流与奖学金、演讲者计划、国际广播、新媒体、民主建设与军事心理和信息行动"等。② 加拿大公共外交的发展历程正体现了公共外交边界的逐渐拓展。麦肯齐·金执政时期，加拿大公共外交主要集中在大众媒体领域。到了圣劳伦特、迪芬贝克和皮尔逊三任总理执政期间，国际援助、文化外交以及教育交流发展势头迅猛。皮埃尔·特鲁多政府的公共外交延续了文化外交和国际援助的传统，在此基础上以体育赛事（主要为冰球）为手段拓宽了公共外交的领域。克雷蒂安政府发挥非政府组织的作用将国际安全政策融入公共外交的领域，并组织开展宣传运动。在哈珀执政时期，尽管文化外交遭到冷遇，但强调经济利益的宣传运动、民主建设方面的公共外交得到发展，社交媒体被广泛使用。小特鲁多时期迎来了文化外交的回归，且跨国数字平台在其中发挥了巨大作用，另外自由民主价值观建设也成为新时期加

---

① Martin Rose and Nick Wadham – Smith, "Mutuality, Trust, and Cultural Relations", London: Counterpoint, British Council, 2004. Cited in Evan H. Potter, "Branding Canada: Projecting Canada's Soft Power through Public Diplomacy", Montreal: McGill – Queen's University Press, 2009, p. 46.

② Evan H. Potter, "Branding Canada: Projecting Canada's Soft Power through Public Diplomacy", Montreal: McGill – Queen's University Press, 2009, p. 52.

从另一个角度来看，公共外交有"一体两面"的性质，即一个国家的公共外交既针对外部公众也面向内部民众。波特认为，"一个国家能否成功地在国外传播自己的民族形象受国内民众的民族认同感或自豪感的影响"，因此，"加拿大国际沟通策略的长期成功与其对发展文化产业、保护民族身份的投入密不可分"。① 这一点在加拿大的许多公共外交实践中都得到了印证。例如，在二战期间，为了鼓舞国内与盟国的战斗士气、提高国际社会对加拿大贡献的认可度，加拿大成立了首批公共外交机构，其中"国家电影局"和"战时新闻委员会"都从国内民众和国外民众两个对象同时着手，一方面塑造加拿大人对战争统一的看法，鼓舞民众团结战斗；另一方面向国外民众展示加拿大在战争中的努力，国外民众的认可又可以增强国内民众的民族自豪感，从而形成一个正向的舆论循环。加拿大的文化外交也是"一体两面"的有力证明。例如，加拿大首个开展文化外交的官方机构"艺术委员会"的建立初衷是发展加拿大的文化艺术，而其开展的众多文化艺术交流活动既建立在加拿大蓬勃发展的文化基础之上，又可以反哺加拿大民族文化艺术的进一步发展。相似地，小特鲁多时期的"创意加拿大政策框架"旨在通过资助创作者来提高加拿大数字创意产业的竞争力，其中的"创意出口战略"致力于在国际市场中宣传加拿大的文化创意产品，可见，要提高加拿大文化的对外辐射力则不可忽视对本国文化发展的投资。

二、本书的历史视角

本书以时间为序，将加拿大的公共外交发展历程分为了六个时

---

① Evan H. Potter, "Branding Canada: Projecting Canada's Soft Power through Public Diplomacy", Montreal: McGill–Queen's University Press, 2009, pp. xii–xiii.

期：诞生期（麦肯齐·金第三任期，1935—1948年）；发展期（圣劳伦特、迪芬贝克和皮尔逊政府时期，1948—1968年）；关键期（皮埃尔·特鲁多政府时期，1968—1979年、1980—1984年）；辉煌期（克雷蒂安政府时期，1993—2003年）；曲折发展期（史蒂芬·哈珀政府时期，2006—2015年）；延续期（贾斯汀·特鲁多政府时期，2015年—）。本书选取的加拿大政府都对公共外交的某些方面非常重视、大力投入，加拿大的公共外交在这些总理执政期间得到了较为显著的发展。

麦肯齐·金第三任期期间，正值第二次世界大战，战时宣传的需求为加拿大公共外交的诞生提供了契机。这个时期的公共外交目标主要是：战时发动国内外舆论鼓舞士气，取得反法西斯战争胜利；战后传播西方自由民主意识形态，塑造加拿大爱好和平、崇尚平等的国家形象。加拿大第一批公共外交机构由此建立，包括国家电影局、战时新闻委员会、加拿大国际广播电台。

二战结束后不久，冷战的阴影笼罩了世界，第三世界民族解放运动方兴未艾，加拿大魁北克地区的民族主义情绪逐渐发酵。为了宣传西方资本主义民主制度的优越性，树立加拿大亲善友好的国际主义形象，提高法语国家民众对加拿大联邦政府的认可度，加拿大积极参与"科伦坡计划"，开展了文化外交与教育交流活动，组建了文化事务司，并组织了针对公共外交的审查。加拿大公共外交进一步发展。

皮埃尔·特鲁多在任期间，国内魁北克民族主义高涨，冷战两个阵营间出现缓和，加拿大渴望摆脱美国影响在世界和平建设中做出贡献。老特鲁多总理抓住机遇，积极地进行国际文化推广、教育合作和体育交流，博得海外民众对加拿大的兴趣，提升国际社会对加拿大的好感度。这也成为了加拿大公共外交发展的关键时期。

加拿大的公共外交在克雷蒂安执政十年间达到辉煌。克雷蒂安任期适逢冷战结束，全球化浪潮和信息革命为公共外交的蓬勃发展提供了动力和条件。克雷蒂安政府借此机会塑造加拿大具有全球领导力、经济发达和文化多元的全新形象。这个时期的加拿大公共外交横跨文化交流、经济贸易、人类安全和新媒介等多个领域，全面开花。

加拿大公共外交在哈珀执政期间遭遇了挫折，但仍有部分发展。面对多极化趋势进一步深化、互联网技术发展日新月异的新形势，哈珀政府主要围绕打造加拿大经济品牌、推动数字外交发展这两个目标开展公共外交。在这一时期，加拿大文化外交的传统被斩断，但哈珀政府组织了数次声势浩大的国际宣传运动，广泛利用了社交媒体联结国际受众，并提出"马斯科卡倡议"展示加拿大在全球卫生健康治理中的领导力。

带着"加拿大回来了"的竞选口号，贾斯汀·特鲁多掀开了加拿大公共外交发展史上崭新的一页，誓要重新延续自由国际主义价值观和文化外交的传统。小特鲁多政府重整公共外交，致力于重塑加拿大的"文化品牌"，打造加拿大的国际主义形象，并积极利用数字技术优化公共外交活动的效果。小特鲁多政府的"女权主义国际援助政策"为加拿大博得国际声望，基于"数字时代中的加拿大内容"全国咨询而推出的"创意加拿大政策框架"和"创意出口战略"成为新时代加拿大公共外交的亮点。

总之，本书将从历史的视角观察加拿大公共外交的发展历程，探究时代背景与政府决策之间的联系，从而总结加拿大公共外交的发展特色和经验，以期为各国发展公共外交提供借鉴。

第一章 诞生期：麦肯齐·金第三任期（1935—1948年）

  加拿大是公共外交领域的先行者，其公共外交的历史可以追溯到二战前后。1948年，加拿大外交部的一份要报首次官方认可了公共外交的重要性，该文件指出："国际关系不仅建立在官方层面相互理解的基础上，也建立在草根层面相互理解的基础上。"[1] 事实上，加拿大早在二战期间就已经开始开展公共外交实践。自1935年到1948年，麦肯齐·金第三次担任加拿大总理。在他任职的这14年内，第二次世界大战持续了6年。这场战争不仅是世界局势的转折点，也是加拿大公共外交诞生的契机。援助反法西斯盟国取得战争胜利是二战期间加拿大举国上下的首要目标。在此期间，为了取得国内民众对战时政策的理解，并在世界范围内宣传反法西斯联盟，特别是加拿大在二战中的努力，加拿大成立了国家电影局，制作了一系列记录英勇事迹、鼓舞士气的电影纪录片，广受好评。与此同时，加拿大还特别成立了战时新闻委员会，给国内民众以及驰援海外的加拿大士兵提供必要的战时信息服务，力求建立加拿大民众对二战统一、积极的看法，弥合国内舆论分歧，并向其他国家宣传加拿大在战争中的贡献，提升加拿大的国际声望。另外，加拿大广播公司在战争后期特别开通了加拿大国际广播电台，以"加拿大

---

[1] L. A. D. Stephens, "Study of Canadian Government Information Abroad 1942 – 1972: The Development of the Information, Cultural and Academic Divisions and Their Policies", Ottawa: Department of Foreign Affairs and International Trade Canada Library, 1977, Chap. 3, p. 13.

之声"的名义向其他国家尤其是法西斯国家播送战况,在心理战中做出了卓越贡献,并真正做到了面向世界发出加拿大的声音。二战结束后,这些机构积极宣传加拿大及其他国家的战后重建工作,传播民主自由的意识形态,且帮助加拿大塑造了爱好和平、崇尚平等的国家形象,为加拿大吸引了大批移民。总的来说,尽管国家电影局、战时新闻委员会和加拿大国际广播电台的成立主要是为了满足战时信息传输、鼓舞盟国士气的需求,但是这些机构为其他国家的民众打开了认识加拿大的窗口,客观上提升了加拿大的国际声誉,为加拿大在战后进行中等国家外交提供了准备,堪称首批公共外交机构。

一、背景与目标

在第二次世界大战及战后重建的大背景下,麦肯齐·金政府在公共外交方面主要需要完成三点任务:宣传反法西斯战争的必要性和正义性,鼓舞反法西斯联盟的士气;突出加拿大在反法西斯战争中的巨大贡献,提高加拿大的国际声望,以此在战后建立的国际性组织中取得与本国贡献相匹配的地位;培植加拿大亲善包容的正面形象,吸引移民,补充国家建设所需的人力资源。

(一)宣传反法西斯战争的必要性和正义性,鼓舞反法西斯联盟的士气

击败法西斯夺取二战胜利是二战期间加拿大的首要目标。20世纪30年代,德意日开始了气势汹汹的侵略扩张行动。尽管1931年由英国议会通过的《威斯敏斯特法》确立了英联邦自治领独立的法律地位,这意味着加拿大在外交上成为了自主国家,但是由于缺乏应对错综复杂的国际局势的外交经验,当时的加拿大在外交上基本

追随英国，积极支持英联邦执行绥靖政策，将签订《慕尼黑协定》的英国首相张伯伦誉为"英国、英联邦国家和全世界将永远尊敬的最伟大的调停者"，①并对悍然发动侵华战争的日本采取"中立政策"；②然而另一方面，加拿大也积极主动采取战备措施，成立"加拿大国防委员会"，提出重整军备特别方案，增加军费开支。1939年9月3日英国对德宣战之后，加拿大议会召集了特别会议，考虑到加拿大对英联邦的安全所承担的义务以及希特勒侵略扩张政策对加拿大国家利益的威胁，加拿大决定参战。同时，加拿大对"决定权在议会"这一原则的坚持也表现出其日益成熟的外交能力以及对外交自主权的重视。③

为了夺得战争胜利，加拿大在军事和经济上大力支持反法西斯盟国。首先，尽管加拿大本土从未遭受战火侵扰，但是加拿大仍直接派兵作战，在军事上取得许多重大战果。从1940年6月起，加拿大陆军就加入了欧洲战场的作战，欧洲战场也一直是加拿大陆军的主战场。据统计，1942年1月，加拿大在海外的军队超过10万人。战争期间，加拿大陆军中的服役士兵共计约73万人。④其次，加拿大生产了大量的武器和其他军需品，担负起了同盟国兵工厂的职责，为盟军提供了重要的后勤保障。1943年，加拿大政府通过了《互助法案》，并成立专门的互助管理委员会负责具体的援助工作，

---

① C. P. Stacey, "Canada and the Age of Conflict: A History of Canadian External Policies, Volume 2: 1921 – 1948, The Mackenzie King Era", University of Toronto Press, 1981, p. 216; 潘迎春：《第二次世界大战与加拿大独立外交的形成》，《世界历史》2009年第5期，第60页。

② Hugh L. Keenleyside and James Eayrs eds., "The Growth of Canadian Policies in External Affairs", Duke University Press, 1960, p. 11; 潘迎春：《第二次世界大战与加拿大独立外交的形成》，《世界历史》2009年第5期，第60页。

③ 潘迎春：《第二次世界大战与加拿大独立外交的形成》，《世界历史》2009年第5期，第62页。

④ 潘兴明：《加拿大与第二次世界大战》，《学海》2005年第4期，第64页。

英国、苏联、澳大利亚、印度、中国等反法西斯盟国都在加拿大政府的援助之列。加拿大不计经济代价,为盟国提供大量援助,截至1944年3月31日,加拿大援助盟国的花费占国家收入的比重是美国的1.5倍。① 据统计,到1944年底,加拿大为盟军生产和提供的军用物资包括"435艘作战舰艇、314艘货船、6000艘小型船只、13457架飞机、659000辆军用汽车、40000辆坦克和装甲车等作战车辆"。加拿大还凭借着自己强大的军工生产能力,生产了"机关枪、步枪和追击炮1305884支、子弹40亿枚、炮弹1.25亿枚"。② 另外,加拿大为盟军提供训练基地,成为坚不可摧的大后方。加拿大积极参加并负责具体实施"英联邦空军训练计划"。据统计,到1943年底,加各地设立了47所培训学校,每月培训出约3000名毕业生。从1940年到1945年,这些学校培训出的空军毕业生约有131533名,包括飞行员、导航员、枪炮手和航空技术人员等,其中飞行员为5万人。大约16.4万名加拿大人参加了培训计划,其余参与人员来自英国、澳大利亚、新西兰和其他英联邦成员国。③ 加拿大为该计划耗资巨大,被美国罗斯福总统称赞为"民主的飞机场"。④

为了在反法西斯战争中取得胜利,加拿大还致力于通过宣传反法西斯战争的必要性和正义性,来鼓舞盟军的战斗士气;并力图在法西斯国家进行政治宣传,击溃敌国的心理防线,从而在战争中占得上风。为了提振盟军士气,鼓舞盟国大后方的民众团结起来支持

---

① Paul Malone, "Canada's Mutual Aid System", The Australian Quarterly, Vol. 16, NO. 4, 1944, pp. 26 – 32.
② Collier's Year Book, "1944: Canada", Encarta 2004 Reference Library. 见潘兴明:《加拿大与第二次世界大战》,《学海》2005年第4期,第67页。
③ Collier's Year Book, "1944: Canada", Encarta 2004 Reference Library. 见潘兴明:《加拿大与第二次世界大战》,《学海》2005年第4期,第67页。
④ "The British Commonwealth Air Training Plan", Veterans Affairs Canada, Nov. 11, 2017, https://www.veterans.gc.ca/eng/remembrance/classroom/fact-sheets/britcom.

前线，国家电影局制作了一系列展示盟军众志成城、英勇不屈的战斗事迹的纪录影片，并在多个国家发行这些电影。战时新闻委员会则着眼未来，通过新闻宣传促使人们相信他们正在为一个美好自由的未来而奋斗。在二战末期，加拿大国际广播电台在欧洲开始播送节目，力图通过心理战击败法西斯势力。

（二）突出加拿大在反法西斯战争中的巨大贡献，提高加拿大的国际声望

战争进入后期，轴心国颓势日显，胜利的曙光越来越近，盟国开始商讨战后重建，加拿大希望在国际新秩序的建立中发挥独立且重要的作用，宣传加拿大对反法西斯战争的贡献的重要性愈发凸显。1942年，加拿大驻美公使休姆·朗就在与加拿大副外长诺曼·罗伯特森的书信中主张加拿大在处理国际事务时应承担相应的义务并获得与其贡献相对应的权利，这透露出加拿大希望本国在二战中的努力可以得到世界认可，并将二战中的贡献转化为战后加拿大在世界舞台上的地位与权利。1943年7月9日，麦肯齐·金在议会发表了关于"实用原则"的演讲。在详细介绍了参战以来加拿大政府积极进行的外交活动之后，他表示"目前加拿大与其他盟国建立起的磋商机制"对战后新秩序建立具有重要意义。他洞察到了建立战后国际组织的必然性，并认为国际事务的权威既不能由强国完全掌控，也不能由联合国中的所有主权国家平均分配。[1] 麦肯齐·金提出了"实用原则"旨在"寻找一条消除二战前大国主宰国际政治的弊端的途径，使得一批在战争中壮大起来的中等国家能够参与国际

---

[1] J. L. Granatstein ed., "Canadian Foreign Policy: Historical Readings", Copp Clark Pitman, 1986, pp. 21 - 24；潘迎春：《第二次世界大战与加拿大独立外交的形成》，《世界历史》2009年第5期，第66页。

事务的决策"。① 1944年2月1日，加拿大新任驻美大使更直白地阐释了战后加拿大的两大外交目标：一是在英美政策"可能出现偏差时"对其施加影响；二是在战后国际组织中担当重要角色。

如何让世界认可在二战期间崛起的加拿大，并让加拿大在战后建立的国际组织中拥有与之匹配的地位，是麦肯齐·金政府考虑的主要问题之一，②而要实现这个目标，加强对加拿大的宣传必不可少。为了宣传加拿大在反法西斯战争中的贡献，借此提高加拿大的国际声望，展现加拿大参与国际事务的能力与意愿，国家电影局制作并在海内外发行了集中表现加拿大援助盟国对抗法西斯势力的系列纪录影片，战时新闻委员会向主要盟国（尤其是美国和英国）的民众宣传了加拿大在战争中的努力。

（三）培植加拿大亲善包容的正面形象，吸引移民补充国家建设所需的人力资源

此外，塑造加拿大亲善包容的海外形象，从第三世界国家吸引移民也是麦肯齐·金第三任期内加拿大的重要任务。加拿大人烟稀少、地大物博，人力资源稀缺极大地制约了加拿大的发展，因而引进移民是加拿大长期的基本国策。第二次世界大战结束后，加拿大新产业涌现，就业岗位大幅增多，急需人力资源。1947年加拿大西部阿尔伯塔省发现了储量丰富的石油、天然气，以美国资本为主的外国资本大量涌入加拿大，再加上加拿大接手了抗美援朝战争的大批军需产品订单，加拿大急需大量掌握一技之长的劳动力。③然而，

---

① 潘迎春：《第二次世界大战与加拿大独立外交的形成》，《世界历史》2009年第5期，第66页。
② 潘迎春：《第二次世界大战与加拿大独立外交的形成》，《世界历史》2009年第5期，第66页。
③ 龙瑞光：《试析二战后加拿大废除种族歧视性移民政策的原因》，《内蒙古农业大学学报（社会科学版）》2007年第5期，第331页。

20世纪30年代的经济大萧条和残酷的二战使得加拿大劳动力不足的情况雪上加霜，并且欧洲国家军民伤亡惨重，西北欧的英国、法国等加拿大传统移民来源国自身劳动力严重不足，不能继续向加拿大大规模输送劳动力，加拿大的劳动力困境更加无从解决。而亚非拉在二战后整体上劳动力供大于求，且这些国家经济落后，他们的富余劳动力就成了对人力资源需求较大的加拿大的理想移民。

为了吸引移民，加拿大必须改善本国在第三世界国家中的形象，提高这些国家民众对加拿大的好感度。加拿大在二战之前一直实行种族歧视性的移民政策，欢迎、优待来自西欧、北欧的移民，排斥、歧视来自其他地区，尤其是非白人的移民。考虑到加拿大对大量移民的急迫需求，以及依赖传统移民来源国以求人口持续增长的不现实性，加拿大废除歧视性移民政策是必然的选择。另外，二战后种族平等、民族平等、人权等观念的兴起也促使加拿大废除歧视性移民政策。一份工作报告透露出此时制定移民政策的困境："亚洲人移民加拿大的问题是两方面的：避免种族歧视控告的国际问题以及移民同化的国内社会政治问题。加拿大的联合国成员国资格使其有义务消除立法中的种族歧视成分。"[①] 这则报告充分说明国际声望是加拿大在制定移民政策时不得不考虑的重要因素。因此，加拿大政府主动利用公共外交手段，宣传自身友善包容的国际主义形象。

二、决策与实践

在鼓舞反法西斯联盟士气、宣传加拿大在反法西斯战争中的巨

---

① Kelly Ninette and Michael Trebilcock, "The Making of the Mosaic: A History of Canadian Immigration Policy", Toronto: University of Toronto Press, 1998, p. 213; 何宗强：《二战后加拿大和美国移民政策的转变》，《国际论坛》2006 年第 3 期，第 62 页。

大贡献、培植加拿大亲善包容的正面形象这三点目标的驱动下,加拿大政府建立了国家电影局和战时新闻委员会,并在加拿大广播公司中开通了加拿大国际广播电台,公共外交在加拿大由此诞生。

(一) 国家电影局

国家电影局是加拿大最早的一批公共外交机构之一。二战期间,国家电影局承担着双重任务:在国内,建立民族身份认同,促进国家统一,鼓舞民众士气;在国外,宣传反法西斯盟国的战争事迹以及加拿大在其中的巨大贡献,促进战争胜利。一方面,国家电影局有助于塑造加拿大人对战争一致的看法,促进加拿大人团结起来抗击法西斯,有助于向世界展现加拿大团结一致、士气高涨、坚韧无畏、具有国际主义精神的国家形象;另一方面,国家电影局在国外的宣传有助于提高加拿大人对祖国的自豪之情,从而使他们的爱国热情更加高涨。随着二战走向尾声,冷战阴云逼近,国家电影局承担起"民主自由"意识形态宣传的责任,然而,这种职责在某种程度上限制了国家电影局有关国际主义主题作品的创作。

1. 背景和目标

国家电影局成立于1939年二战全面爆发的前夕,此时虽然法西斯势力已经进行了一些侵略吞并活动,但英法两国与德国、意大利签订的《慕尼黑协定》维持了短暂的和平假象。远在北美洲的加拿大更无从预见德意志将于9月悍然发动的闪电战,因此,国家电影局成立的初衷并非为了打击法西斯势力,而是为了振兴民族电影事业,建立民族身份认同,促进国家统一。

加拿大对民族电影事业的执着与其独特的文化构成和强大的美国影响力息息相关。加拿大原本是法国和英国的殖民地,从17世纪起,英法两国为争夺殖民地的斗争持续了半个多世纪,直到1760

年法军被击溃，法属殖民地才正式被列入英国的管辖范围。但是法裔居民仍保留着自己的文化传统，他们坚持信仰天主教并使用自己的语言。尽管早在1774年通过的《魁北克法案》就赋予了法裔居民信仰天主教的权利，但法裔居民对英国统治的不满情绪从未完全消失，民族主义甚至分裂主义成为一股不可忽视的力量。除了法语民族，忍受白人殖民统治几百年的土著民族（第一民族，因纽特人、梅蒂人）以及其他不同民族的移民都不同程度地保留着自己民族的文化传统。众多民族分布在十个省和两个地区，而加拿大的联邦制又赋予了这些省和地区相当大的自治权力，因此不同省份、地区甚至是地方与中央之间的矛盾冲突时有发生。为了维护国家统一，联邦政府除了使用政治权力之外，还需要有效的沟通工具，电影就是其中非常重要的一个。然而，加拿大电影在本国一直影响甚微，一个重要原因就是美国巨大的文化影响力。20世纪初，美国在加拿大建立了垄断电影市场的发行网，加拿大的绝大多数影院都掌握在美国影片发行商手里。由于美国对加拿大的电影市场的垄断，导致加拿大电影长期萎靡不振。据统计，自1898年到1964年的66年里，加拿大只生产了100多部长片，只及印度长片产量的1/4。[①]

为了振兴加拿大电影，加拿大政府于1938年特地从英国聘请纪录学派代表人约翰·格里尔逊对加拿大电影进行调查研究。格里尔逊认为纪录片是"传递信息、教育民众"的工具，[②] 他在调查报告中建议加拿大政府组建"国家电影局"，专门拍摄和发行旨在介绍加拿大各地风土人情的影片，以促进加拿大人以及世界各国人民了解加拿

[①] 李恒基：《加拿大和加拿大电影》，《当代电影》1987年第4期，第89—90页。

[②] Claire Dion Veillet, "A Historical and Analytical Study of the French Unit at the National Film Board of Canada", Doctoral Dissertation, University of Southern California, 1982, p. 20.

大。① 加拿大政府采纳了格里尔逊的建议，在1939年5月2日通过了《国家电影法》，并在同年成立了国家电影局。国家电影局由九人理事会领导，政府电影事务委员任局长并领导理事会，其他8名理事中，除3位公务理事之外，其他5名由各地区选派。法裔民族的理事必须占2名。② 首届局长由电影事务委员格里尔逊担任。

2. 工作

建立之初，国家电影局的使命是"制作、发行可以促进不同地区的加拿大人互相了解的电影"，③ 但是，国家电影局成立不久，德意志就以闪电般的速度攻下波兰，英法随之对德宣战，第二次世界大战爆发，国家电影局也成为了加拿大政府的战时宣传机构。为了让偏远地区的加拿大人也能看到影片，国家电影局在全国设立了30多个办事机构，并建立发行网，雇佣流动放映员，以便"让散居各地的各民族人民能通过影片沟通情况，互相了解彼此不同的生活习俗和实际情况"，④ 增进加拿大人对国家的了解，提高国家凝聚力。后来，国家电影局又在巴黎、伦敦、纽约、东京等地设立驻外机构，把反映加拿大各方面风貌的影片输出国外，让世界人民了解加拿大。⑤

格里尔逊领导下摄制的两套专题系列纪录片——《加拿大坚持

---

① 李恒基：《加拿大和加拿大电影》，《当代电影》1987年第4期，第91页。
② 李恒基：《加拿大和加拿大电影》，《当代电影》1987年第4期，第91页。
③ National Film Act R. S., c. N‑7, s. 7, Justice Laws Website, Dec. 31, 2005, https://laws‑lois.justice.gc.ca/eng/acts/N‑8/page‑1.html#h‑382702.
④ 李恒基：《加拿大和加拿大电影》，《当代电影》1987年第4期，第91页。
⑤ 李恒基：《加拿大和加拿大电影》，《当代电影》1987年第4期，第91页。

战斗》和《全世界在行动》——是国家电影局二战期间闻名世界的佳作。为了在二战中鼓舞士气，国家电影局从1940年开始拍摄、发行《加拿大坚持战斗》。《加拿大坚持战斗》旨在展现加拿大参加第二次世界大战的全过程，记录加拿大在战争中的努力及英雄事迹。这个系列的第一部影片是由斯图尔特·莱格导演制作的《大西洋警察》，这部10分钟长的纪录短片发行于1940年4月，讲述了加拿大皇家海军冒着被德国U型潜水艇攻击的风险将护卫队从哈里法克斯护送至英国的故事。1941年，莱格导演的《丘吉尔的岛》正式发行。这部短片展现了二战期间英国在德意志的猛烈攻势下进行的英勇防卫战，并在1942年为加拿大首次赢得奥斯卡最佳纪录短片奖。影片不仅记录战争，也描写了战争中的人。例如《战士剪影》通过描写一位战士的生活、娱乐以及他面临的苦恼，生动地反映了为正义和平而战的加拿大战士的精神气魄。[1]《加拿大坚持战斗》不仅在加拿大收获了广泛关注，其中有些影片在澳大利亚、英国、美国、印度和西印度群岛均有发行，例如日本偷袭珍珠港一周之前，《太平洋的战争风云》在美国放映并大获成功，从那时候开始，加拿大国家电影局的其他影片也开始在美国顺利发行。二战结束后，国家电影局继续拍摄制作了这个系列的纪录电影，主要关注加拿大在科学、社会福利、工业技艺、音乐艺术等方面的贡献，对宣传二战后的加拿大起到了重大作用。《加拿大坚持战斗》共包含199部影片，直到1959年国家电影局才停止制作发行此系列电影。

与《加拿大坚持战斗》相比，《全世界在行动》更具有全球视野。从放映范围来看，它的目标受众则是更广泛的国际观众，在加拿大、美国、英国的7000多个影院里长期放映。从内容来看，《全世界在行动》不仅展现了盟国的反法西斯战争策略以及加拿大在其中的贡献，还描述了对战后世界的设想。格里尔逊和莱格二人十分

---

[1] 李恒基：《加拿大和加拿大电影》，《当代电影》1987年第4期，第91页。

关注《全世界在行动》，他们高瞻远瞩地将目光投向了战后重建，并将其他国家的社会经济、政治生活情况纳入了影片的内容范围。他们的想法"既进步又新颖"，通过考察不同国家的实际情况，《全世界在行动》既设想了战后世界的美好蓝图，同时也预测了一些可能存在的问题。① 这些纪录片影响颇为广泛，格里尔逊成了加拿大当之无愧的"宣传大师"，截至1943年春天，国家电影局的电影已经在美国5000多个电影院成功放映，而且，到他1945年离开国家电影局时，这些纪录片每周都会收获4000万到5000万的观众。②

宣传民主自由的西方意识形态是国家电影局承担的责任之一，且随着二战渐近尾声，西方国家所秉承的价值观与苏联共产主义的矛盾日益突出，国家电影局作为意识形态宣传工具的功能就愈发重要起来。《全世界在行动》系列影片选题涉猎广泛，因被怀疑宣传共产主义而曾几次卷入政治争议。尽管美国和苏联在二战期间同属反法西斯联盟，但美国对共产主义的不信任并没有消除。1942年摄制的《俄罗斯在战斗》因被怀疑宣传共产主义而遭到了美国发行商的抵制。1944年的《我们北边的邻居》也遇到了相似的困境，魁北克审查局怀疑此片夹杂了对共产主义的政治宣传，并禁止此片在魁北克发行。类似的政治指控并不稀奇。1943年，有记者认为《意大利之门》对待法西斯主义的态度暧昧软弱而发文批评。格里尔逊和莱格并没有退缩，而是坚持用影片为多国观众展现对战后世界格局的设想。但是，1945年《全世界在行动》的另一部影片《巴尔

---

① Piers Handling, "Censorship and Scares: National Film Board of Canada (1940 – 52)", Cinema Canada, 1979, p. 28, http://cinemacanada.athabascau.ca/index.php/cinema/article/download/1833/1889.

② Gary Evans, "John Grierson and the National Film Board: The Politics of Wartime Propaganda", Toronto: University of Toronto Press, 1984, pp. 224 – 225. Cited in Evan H. Potter, "Branding Canada: Projecting Canada's Soft Power through Public Diplomacy", Montreal: McGill – Queen's University Press, 2009, pp. 80 – 81.

干火药桶》几乎引发了一场外交危机。由莱格导演的这部纪录影片批评了英国对巴尔干地区的政策,而在同一时间,英国首相丘吉尔和加拿大总理麦肯齐·金正就加拿大是否需派军前往巴尔干一事争论不休。为了避免两国关系恶化,麦肯齐·金下令撤回这部影片。格里尔逊认为电影局不应该只传递政府观点,故而对这次审查十分沮丧。由于这些影片内容的争议性,格里尔逊的政治立场甚至被误解歪曲,有人批评他是麦肯齐·金的代言人,有人指控他是左翼政治宣传的支持者。①

格里尔逊很早就开始思考国家电影局在战争结束后的角色,《全世界在行动》就是他计划中的一部分。他将电影看作启迪民智、培养现代公民的媒介,因此,他希望战争结束后电影局可以关注教育、国际主义等社会议题。然而二战后,关于共产主义的猜疑像一块阴云笼罩在国家电影局上空。更糟糕的是,冷战开始后,毫无节制的内容审查让这个曾充满创作活力、让加拿大电影燃起生机的机构彻底结束了它的黄金时代。1945 年 8 月,深感自己的电影理想实现无望的格里尔逊从国家电影局黯然辞职。

二战结束后,格里尔逊式的国际主义风格在国家电影局的电影制作中延续下来的同时,两种意识形态之争而引起的对电影内容的审查也愈演愈烈。这个时期制作的体现国际主义的电影主要关注新兴的国际组织——联合国。《饥饿的心灵》《苦难中的孩子们》和《觉醒之军——联合国善后救济总署》这几部战后制作的纪录影片,讲述了联合国善后救济总署和联合国教科文组织的战后复原救济工作。然而,正如上文所说,有关共产主义的政治争议并没有随着战争的结束而停歇。1945 年 2 月,联合国善后救济总署委托加拿大国家电影局摄录影片记录总署在欧洲、亚洲的部分国家和地区工作。

---

① Piers Handling, "Censorship and Scares: National Film Board of Canada (1940 - 52)", Cinema Canada, 1979, pp. 26 - 29, http: //cinemacanada. athabascau. ca/index. php/cinema/article/download/1833/1889.

格兰特·麦克林受命于1946年前往中国，拍摄了有关中国的纪录片。但是，这部影片完成制作之后便被束之高阁，因为加方认为，如果这时候发行这部影片可能会对加美关系造成负面影响。①

3. 评价

总之，国家电影局在二战期间和二战结束后都发挥了非常重要的作用。二战期间，由国家电影局摄制、发行的《加拿大坚持战斗》《全世界在行动》等影片增进了不同国家人民之间的了解，鼓舞了盟国的战斗士气，对国际主义合作进行了宣传，这促进消除了"格里尔逊认为在某种程度上导致了两次世界大战的民族主义"，有利于建立一个各国友好合作的"美好新世界"。② 不仅如此，这些影片还特别宣传了加拿大在战争中的努力与贡献，提高了加拿大的国际声望，有利于加拿大在战后以中等国家的身份在国际组织中发挥重要作用；其中部分水平高超的影片更是为加拿大赢得了荣誉，促进了加拿大乃至世界电影艺术的进步。二战后，国家电影局在一定程度上延续了国际视角，宣传联合国善后救济等工作，促进国际主义精神的传播，也向国内和世界展示了加拿大良好的国家形象，有利于加拿大在战后吸引移民。

（二）战时新闻委员会

战时新闻委员会的前身是公共新闻信息局。公共新闻信息局发

---

① Piers Handling, "Censorship and Scares: National Film Board of Canada (1940 - 52)", Cinema Canada, 1979, p. 28, http: //cinemacanada. athabascau. ca/index. php/cinema/article/download/1833/1889.

② Gary Evans, "John Grierson and the National Film Board: The Politics of Wartime Propaganda", Toronto: University of Toronto Press, 1984, p. 223. Cited in Evan H. Potter, "Branding Canada: Projecting Canada's Soft Power through Public Diplomacy", Montreal: McGill - Queen's University Press, 2009, p. 81.

端于加拿大在二战期间向国内民众解释、宣传战时政策的迫切需要，致力于国内的政策宣传，目的是建立加拿大人对战争的统一看法，激发民众爱国主义热情，鼓舞民众团结一心与法西斯做斗争。随着二战全面爆发，加拿大需要一个更强大的新闻信息机构，负责在国内加紧政策宣传的同时将宣传工作扩展到国外，战时新闻委员会应运而生。战时新闻委员会在国内广泛开展调研，根据民意适时调整政策宣传方案，有效地缓解了民众对战时政策的不满、弥合了国内分裂；在国外宣传加拿大的贡献，塑造加拿大积极参战、英勇无私的国际形象。二战接近尾声时，加拿大外交部预感到战时新闻委员会在战后可能会被取缔，于是组建了对外新闻事务司，负责加拿大在国外的新闻宣传。二战结束后，媒体行业对政府把控的新闻机构愈发不满，战时的舆论控制手段在战后广受民主拥护者的批评，迫于形势变化，战时新闻委员会的国内工作被叫停，其国外分支演变为加拿大新闻事务处，但因与对外新闻事务司工作范围有重合之处，后并入对外新闻事务司。

1. 公共新闻信息局

第二次世界大战开始时，加拿大还没有一个集中的信息服务部门来处理信息的传播。德意志在全世界特别是拉丁美洲地区所进行的纳粹政治宣传声势浩大，这让加拿大意识到处理国际冲突时信息控制的重要性。麦肯齐·金总理认为，加拿大必须在国内外广泛宣传它的战争计划和措施，那么，加拿大就需要组建一个专门的新闻信息机构来协调应对此类事务。[1] 然而，加拿大政府组建这样一个专门新闻机构的过程并非那么顺利。

---

[1] Gary Evans, "John Grierson and the National Film Board: The Politics of Wartime Propaganda", Toronto: University of Toronto Press, 1984, pp. 88–89. Cited in Evan H. Potter, "Branding Canada: Projecting Canada's Soft Power through Public Diplomacy", Montreal: McGill–Queen's University Press, 2009, p. 79.

随着二战全面爆发，国内民众的不满情绪悄然滋生，即便是英裔加拿大人的爱国热情也开始消减。很多官员认为，政府需要一个新闻信息机构来开展针对战时不满情绪的研究，这样，政府才能适当调整政策缓解民众负面情绪，或者及时向民众解释具有争议性的战时政策。① 但是这项提议引起了巨大的争议。多家报纸认为任何政府管控的新闻机构都有违民主制度，这对公民对社会事务发表观点的自由权利是一种侵犯，所以它们反对政府成立任何战时新闻机构。时任加拿大新闻协会总经理的利夫赛认为政府应该尽最大努力协助报纸，为报纸提供新闻来源，报纸就是最有效的宣传。然而，很多社会科学学者认为政府不能依靠报纸编辑、演讲者和布道者之流，因为他们的工作缺乏协调性，并强烈建议政府利用社会科学的方法展开民意调查，在他们看来，只有这样制定出的政策才能有效鼓舞士气。麦肯齐·金此时一方面担心组建这样一个机构会影响到他的政治形象，另一方面觉得没有必要由政府组建一个专门解释宣传其政策的机构。许多官员也十分理解麦肯齐·金的疑虑，他们并不赞同将政府事务交给缺乏处理公共事务经验的媒体或学者。直到1939年10月，一度抨击中央政府管控新闻信息的毛利斯·杜普莱西斯在魁北克选举中连任失败，自由党的阿德拉德·戈德布特成为新任省长，这彻底打消了麦肯齐·金的疑虑，组建政府新闻信息机构也被提上日程。加拿大广播公司的前主席布罗金顿被任命为"加拿大战争记录员"兼任内阁战争委员会的顾问。麦肯齐·金还授命加拿大国家铁路局的前宣传总监、现任首席检察官沃特·汤普森组建一个公共新闻信息局。因此，1939年12月，加拿大政府成立公共新闻信息局，其任务是收集、协调并向公众扩散有关加拿大在战

---

① William R. Young, "Academics and Social Scientists versus the Press: The Policies of the Bureau of Public Information and the Wartime Information Board, 1939 to 1945", Communications Historiques, Vol. 13, NO. 1, 1978, p. 218.

争中的一切努力的信息。① 最初，公共新闻信息局由首席检察官带领，其初始工作范围主要是协调和提供由自己的工作人员和其他部门（包括加拿大国防部和军需供应部）所提供的新闻信息。

公共新闻信息局不仅要向国内民众宣传加拿大在战争时期的政策措施，鼓舞民心一同为反法西斯战争做出贡献，而且还要向世界人民宣传加拿大在反法西斯战中的重要作用及努力。除了协助战争的目的，公共新闻信息局还希望建立全民一致的民族身份认同感。通过营造强烈的反战情绪、赞美加拿大对盟国的经济及军事贡献，公共新闻信息局想要构建"加拿大主义"，将各个民族与英裔加拿大群体融合在一起，促进国家团结。② 为了避免公权私用获取政治利益这样的指控，麦肯齐·金一方面确保公共新闻信息局可以有效掌控舆情，另一方面限制公共新闻信息局的权力范围。沃特·汤普森也考虑到了媒体对民主权利的担忧，因此向记者开放权限让他们接触政府数据，掌握政策制定、实施过程的信息。③

随着战争推进，加拿大越来越需要一个更强有力的新闻机构。加拿大意识到有限的战时措施远远不够，需要强化已有的新闻信息机构来应对全面战争。1940年6月通过的《国家资源动员法》意味着为了保证加拿大本土安全，联邦政府有权在国内征兵。加拿大需要更集中的新闻信息机构通过新闻向加拿大人解释征兵政策。麦肯齐·金开始倾向于主张在全面战争中"通过发布新闻直接向民众讲

---

① William R. Young, "Academics and Social Scientists versus the Press: The Policies of the Bureau of Public Information and the Wartime Information Board, 1939 to 1945", Communications Historiques, Vol. 13, NO. 1, 1978, pp. 218-220.

② Sydney Astor ed., "The Second World War as a National Experience", Ottawa: The Canadian Committee for the History of the Second World War, 1981, p. 189.

③ William R. Young, "Academics and Social Scientists versus the Press: The Policies of the Bureau of Public Information and the Wartime Information Board, 1939 to 1945", Communications Historiques, Vol. 13, NO. 1, 1978, p. 220.

述政府故事，以提高民众对全面战时政策的支持"，① 但这也正是加拿大媒体所无法承担的责任。因此，麦肯齐·金决定建立一个强化版的公共新闻信息局。1940 年 7 月，他将公共新闻信息局的事务全权交给国家战争服务部部长加德纳。当时，报纸对政府的审查制度和新闻管控制度的批评十分严厉，加德纳委托罗杰斯进行的调查结果也显示加拿大民众对战时新闻制度有很强的抵触心理，因此，加德纳在 8 月宣布公共新闻信息局不会过度插手报纸发布真正的新闻，并给了记者更多的权限和自由。这显然与麦肯齐·金的期望不甚相符。加德纳的措施并没有缓解国内紧张的舆论形势，法裔加拿大人对强制征兵的愤怒情绪并未得到安抚，民众仍旧不理解战时物价贸易委员会实施的经济管控政策，中央和地方政府的关系也不见好转。1941 年 3 月，加德纳从公共新闻信息局辞职，几周后，索尔森接任局长一职。索尔森将工作重点放在了提升国内士气上，他重用社会科学人才，进行民意调查，还发展壮大了公共新闻信息局的法语部门，以取得法裔的支持。然而，1942 年 4 月魁北克反对征兵而进行的公投证明了索尔森的改革收效甚微。②

　　加德纳和索尔森的努力没能解决国内的舆论危机，更糟糕的是，此时加拿大的国外宣传也暴露出很大的问题。尽管加拿大为盟国做出许多贡献，美国媒体对加拿大的报道却很少提及这些贡献，加拿大的重要努力并没有得到美国承认。在 1942 年夏天，6000 名加拿大和英国士兵在法国迪耶普发起突袭，907 名加拿大士兵牺牲。但是，美国的新闻影片将迪耶普战役形容为美国的功绩。这些新闻影

---

① "W. L. M. King Papers", Public Archives of Canada, J13 series, diary, May 8, 1940. Cited in William R. Young, "Academics and Social Scientists versus the Press: The Policies of the Bureau of Public Information and the Wartime Information Board, 1939 to 1945", Communications Historiques, Vol. 13, NO. 1, 1978, p. 221.

② William R. Young, "Academics and Social Scientists versus the Press: The Policies of the Bureau of Public Information and the Wartime Information Board, 1939 to 1945", Communications Historiques, Vol. 13, NO. 1, 1978, pp. 221 – 227.

片在加拿大电影院播出后，几乎引发暴乱。① 加拿大政府感到了宣传本国军事行动的迫切性。麦肯齐·金委托加拿大新闻协会前理事、战时物价贸易委员会的新闻事务经理查尔斯·瓦伊宁研究改革新闻信息机构的方案。瓦伊宁相信报纸是信息传输的最佳渠道，控制住新闻的呈现就是对战时政策最好的辅助措施；政府应该重点负责扭转美国对加拿大的印象，塑造加拿大更好的国际形象。瓦伊宁建议将公共新闻信息局改为战时新闻委员会，其主要目标是改善加拿大在美国的国家形象。②

2. 战时新闻委员会

1942年8月，战时新闻委员会成立，瓦伊宁担任其主席和首席执行官。战时新闻委员会在国内的任务主要是建立加拿大人的身份认同，统一加拿大人对战争的看法，鼓励参军入伍，昂扬斗志，弘扬爱国热情；其在国外的任务是在世界范围内（尤其是美国）大力宣传加拿大在二战中的努力，提高加拿大的国际声望。瓦伊宁在国内优先依靠媒体的方案并没能解决政府和媒体的矛盾。媒体指责政府试图掩盖对他们不利的新闻，瓦伊宁试图用高薪讨好记者，但这又引起了私人出版商的不满。最终，瓦伊宁在1943年1月辞职。诺曼·麦肯齐随即接任主席和首席执行官。时任加拿大政府电影事务委员的约翰·格里尔逊被任命为战时新闻委员会的总经理，掌握委员会真正的权力。

早在加拿大刚卷入二战时，格里尔逊就主张政府应建立一个集中的信息机构，负责在国内外做好宣传工作。他设想了一个类似于

---

① Sydney Astor ed., "The Second World War as a National Experience", Ottawa: The Canadian Committee for the History of the Second World War, 1981, pp. 190 – 191.

② William R. Young, "Academics and Social Scientists versus the Press: The Policies of the Bureau of Public Information and the Wartime Information Board, 1939 to 1945", Communications Historiques, Vol. 13, NO. 1, 1978, pp. 227 – 228.

英国的新闻部的机构,这个机构集中负责并协调电影、新闻、广播服务工作,其"应遵循一个可以应对国家团结、对美国展示加拿大国家形象、告知英国加拿大的实际情况等主要事务的政策"。① 格里尔逊的国家电影局就是他计划中的一部分,通过制作、发行一系列讲述加拿大在二战中贡献的电影(例如加拿大商船护送盟军的商船横跨大西洋),国家电影局成功地使英美等国家认可了加拿大在二战中的重要作用,这也被认为是加拿大有组织的文化外交的开端。② 被任命为战时新闻委员会的总经理后,格里尔逊有了更大的权力将新闻宣传工作集中整合起来,这让他离自己的设想更近了一步。从1943年1月开始,国家电影局监管战时新闻委员会的一切摄影图像事务,包括制作政府为了战争动员所需的电影、海报等图像材料,战时新闻委员会负责提供制作和发行电影所需的资金。

格里尔逊认为新闻工作应着眼于未来,他试图让人们相信"加拿大正满怀期待地走向一个孤立主义不被容忍的未来的国际社会"。③ 说服人们为腐旧落后的生活方式而战斗是行不通的,人们不会愿意为倒退到经济大萧条时期而牺牲。"在战争的重压下",他笃定地认为,"我们应宣传我们对民主的进步性的坚定信念。我们要

---

① Gary Evans, "John Grierson and the National Film Board: The Politics of Wartime Propaganda", Toronto: University of Toronto Press, 1984, p. 61. Cited in Evan H. Potter, "Branding Canada: Projecting Canada's Soft Power through Public Diplomacy", Montreal: McGill-Queen's University Press, 2009, p. 79.

② Evan H. Potter, "Branding Canada: Projecting Canada's Soft Power through Public Diplomacy", Montreal: McGill-Queen's University Press, 2009, p. 79.

③ Gary Evans, "John Grierson and the National Film Board: The Politics of Wartime Propaganda", Toronto: University of Toronto Press, 1984, p. 113. Cited in Evan H. Potter, "Branding Canada: Projecting Canada's Soft Power through Public Diplomacy", Montreal: McGill-Queen's University Press, 2009, p. 80.

学会以正向的、有高度建设性的宣传来凝聚社会上一切忠诚的力量。"① 他强调政府应该肩负起传递信息的职责，这样的政治宣传才是有意义的。政府在特殊时期有必要强化自身职能，在某些领域制订计划，为了得到民众的支持，政府的宣传就必须积极正向、面向未来，说服民众：全社会的共同努力对社会进步是必要的。一方面，格里尔逊像瓦伊宁一样，重视战时新闻委员会的新闻工作；另一方面，格里尔逊主张运用社会科学的研究方法来调查政府需要加强计划管理的领域，并有针对性地向民众解释政策。戴维森·邓顿掌管的报告部研究了包括美国报纸、外语报纸、日报在内的多家报纸的新闻信息，并进行了调查和民意监测。为了提高国内士气，邓顿还设立了一个覆盖全国的本地记者系统，以便掌握公众对于许多战时事务的看法和意见。②

战争进入尾声，笼罩在国家电影局上空的共产主义疑云也同样困扰着战时新闻委员会，战时新闻委员会的意识形态宣传职能也越发凸显。格里尔逊在任期间与左翼组织关系密切，反共产主义的政治家开始忧虑社会主义者会趁机操控民意，在众多压力下，格里尔逊在1944年1月辞去战时新闻委员会总经理的职务。戴维森·邓顿接管了他的工作。

战争期间，战时新闻委员会在国内广泛展开调研，针对国内民众进行展示宣传，并将宣传范围拓展到了国外。邓顿大力发展了委员会的记者系统，从全国聘请大量通讯记者调研当地民意、撰写周

---

① John Grierson, "The Necessity and Nature of Public Information", WIB Records, Vol. 6, file 2-1-3, Montreal, Jun., 1943. Cited in William R. Young, "Academics and Social Scientists versus the Press: The Policies of the Bureau of Public Information and the Wartime Information Board, 1939 to 1945", Communications Historiques, Vol. 13, NO. 1, 1978, p. 230.

② William R. Young, "Academics and Social Scientists versus the Press: The Policies of the Bureau of Public Information and the Wartime Information Board, 1939 to 1945", Communications Historiques, Vol. 13, NO. 1, 1978, p. 231.

报或月报，这些通讯记者中有教会人员、家庭主妇、国家电影局的放映员，还有加拿大作家委员会的作家，覆盖了加拿大 140 多个社区。① 委员会每月发布一份名为《战争中的加拿大》的出版物来宣传加拿大在战争中的相关工作。这份出版物的主题涵盖较广，包括战争时期的工业发展、战争中的女性等，其受众也十分广泛，从农民到家庭妇女都是它忠实的读者。战时新闻委员会还有效地"开展了国外的宣传项目"。经过批准，战时新闻委员会迅速在纽约、华盛顿、伦敦、堪培拉、巴黎以及拉丁美洲的众多城市设立了海外办公室。②

3. 加拿大新闻事务处

随着二战结束，继续保留战时新闻委员会的意义受到越来越多的质疑。报纸媒体为了维护自己作为向公众传递信息的唯一渠道的地位，反对政府在和平年代以战时新闻机构的形式继续提供官方信息服务。一份加拿大政府报纸的调查显示，在战后一场会议上，21 人中只有 8 人支持在国内继续战时新闻委员会的工作。③ 对于麦肯齐·金及其内阁来说，战时新闻委员会无疑是遭受批评的靶子，其国内工作被认为是"自由党为其政治利益而操控民意"的工具，这种批评带来的压力在二战结束后给麦肯齐·金带来了更大的政治风险。因此，战时新闻委员会停止了一切国内工作。1945 年 10 月，

---

① William R. Young, "Academics and Social Scientists versus the Press: The Policies of the Bureau of Public Information and the Wartime Information Board, 1939 to 1945", Communications Historiques, Vol. 13, NO. 1, 1978, p. 234.

② John R. English, "Wartime Information Board", The Canadian Encyclopedia, Feb. 17, 2015, https://www.thecanadianencyclopedia.ca/en/article/wartime-information-board.

③ The Toronto Telegram, Jun. 23, 1944. Cited in William R. Young, "Academics and Social Scientists versus the Press: The Policies of the Bureau of Public Information and the Wartime Information Board, 1939 to 1945", Communications Historiques, Vol. 13, NO. 1, 1978, p. 238.

代理总理伊斯里赞扬了战时新闻委员会的功绩。"在过去的三年里，在大使馆、公使馆以及贸易专员的协助下，战时新闻委员会已经出色地完成了向国外传递信息的重要任务"，他认为"成立这样一个新闻信息机构对加拿大来说曾是一个大胆的创新，战时新闻委员会已经完成了它重要的使命"。①

战时新闻委员会的国外分支在1945年9月28日变成了加拿大新闻事务处，加拿大新闻事务处继承了战时新闻委员会在伦敦、巴黎、堪培拉、华盛顿和纽约设立的海外办公室，还接手了在渥太华涉及外国游客、外语使用者的工作以及为外国观众而制作的印刷、广播材料的准备工作。② 在欧洲战场的战火平息之前，战时新闻委员会已经开始开会讨论战后保留海外分支的可能性与必要性。一份内部文件简洁地解释了战后继续在国外宣传加拿大的理由："新闻信息机构在和平时期向其他国家宣传加拿大，促进世界人民对加拿大的了解，这符合加拿大的国家利益。"③

4. 对外新闻事务司

在二战结束之前，加拿大外交部已经预料到了战时新闻委员会解散的可能性，并开始考虑设立一个对外新闻事务司。戈登·罗伯森早在1941年的备忘录中就提出了外交部在战后开展新闻和文化传播工作的设想。他认为，战时新闻委员会在国外的新闻和文化传

---

① L. A. D. Stephens, "Study of Canadian Government Information Abroad 1942 – 1972: The Development of the Information Cultural and Academic Divisions and Their Policies", Ottawa: Department of External Affairs, 1977, Chap. 1, p. 11.

② L. A. D. Stephens, "Study of Canadian Government Information Abroad 1942 – 1972: The Development of the Information Cultural and Academic Divisions and Their Policies", Ottawa: Department of External Affairs, 1977, Chap. 2, p. 6.

③ L. A. D. Stephens, "Study of Canadian Government Information Abroad 1942 – 1972: The Development of the Information Cultural and Academic Divisions and Their Policies", Ottawa: Department of External Affairs, 1977, Chap. 2, pp. 6 – 7.

播工作不尽如人意。另外，战争结束后，战时新闻委员会很有可能被革除，那么外交部应当考虑承担起在国外传播新闻和文化的工作，且外交部不应打无准备之仗，而应早做打算。值得注意的是，他还提到战后应开展文化外交，与他国建立文化关系，因此，他提议将这个机构的名称定为"对外文化关系事务司"。在他的设想中，"对外文化关系事务司"主要负责两个方面的工作：其一，它应当负责在国外发行加拿大的新闻报纸，宣传加拿大，建立加拿大与他国的新闻联系；其二，它应负责在国外发行加拿大的图书、电影、广播节目，向国外提供加拿大的音乐作品，促进艺术、学术交流，举办互访活动。然而，莱昂·迈朗认为工作重点应放在新闻工作而非文化交流上，因此他建议将机构名称定为"对外新闻事务司"。休姆·朗虽认为有必要在对外新闻工作上早做准备，但他对此态度较为冷淡。他还务实地考虑到，如果加拿大要输出自己的文化，则要谨记加拿大不只有一种文化。最终，外交部成立了"对外新闻事务司"，其工作内容主要是对外联络和出版物的发行，也涉及少量出版物的制作。①

二战后，对外新闻事务司和加拿大新闻事务处的工作范围逐渐重合，且在长久的磨合中两个机构累积了一些矛盾，精简机构的需求愈发迫切。1947年2月5日，麦肯齐·金宣布批准外交部全权负责在国外的新闻宣传工作。后来，加拿大新闻事务处的员工调职进入对外新闻事务司，加拿大新闻事务处随之解散。

5. 评价

战时新闻委员会在二战期间为加拿大承担了通报战况的工作，尤其当加拿大向海外派遣军队后，战时新闻委员会成为了国内外的

---

① L. A. D. Stephens, "Study of Canadian Government Information Abroad 1942 – 1972: The Development of the Information Cultural and Academic Divisions and Their Policies", Ottawa: Department of External Affairs, 1977, Chap. 1, pp. 8 – 14.

信息桥梁。另外，在国内，它通过宣传加拿大在正义的反法西斯战争中的艰苦努力，及时向民众解释战时政策，展开民意监测，并根据舆情及时调整宣传方向，弥合了国内不同民族、不同地区之间的矛盾，促进了国家团结，建立了加拿大人统一的身份认同。它的宣传统一了加拿大人对二战的认识，鼓舞了加拿大人同法西斯势力做斗争的士气，为二战的胜利做出了不可否认的贡献。

战时新闻委员会、加拿大新闻事务处和对外新闻事务司的成立都是加拿大公共外交诞生期的标志性事件。成立战时新闻委员会的最初目标是为了改善加拿大在美国民众心目中的国家形象，这标志着政府开始重视开展以外国民众为对象的国家形象宣传活动。二战结束后，加拿大新闻事务处和对外新闻事务司的成立更是说明加拿大愈加重视加强加拿大在国外的宣传。这些公共外交机构以"最不引人反感的宣传方式"赋予了加拿大一个"全新而受人尊敬的国际形象",① 提高了加拿大的国际声望，为加拿大战后在国际组织中发挥独立、重要的作用打下了坚实的舆论基础，且有利于加拿大在战后吸引移民。此外，这个时期出现了有关成立"对外文化关系事务司"的提议，这说明已经有部分加拿大人开始意识到开展文化外交的重要性。

（三）加拿大广播公司和加拿大国际广播电台

加拿大广播公司发端于无线电技术的应用，加拿大广播公司的成立是加拿大政府一步步加强对广播行业的管控的结果。成立后，它的主要职责是建立加拿大人统一的身份认同，弥合社会分裂。二

---

① Gary Evans, "John Grierson and the National Film Board: The Politics of Wartime Propaganda", Toronto: University of Toronto Press, 1984, p. 167. Cited in Evan H. Potter, "Branding Canada: Projecting Canada's Soft Power through Public Diplomacy", Montreal: McGill – Queen's University Press, 2009, p. 80.

战期间,加拿大广播公司致力于让国内民众了解战争进程,增强民众信心,激发爱国主义激情,鼓舞民众为战争作贡献。随着技术条件的成熟,加拿大广播公司又在国外开通了加拿大国际广播电台,以"加拿大之声"的名义宣传加拿大的战争努力、鼓舞同盟国士气,并在二战末期及冷战初期传输西方价值观。

1. 加拿大广播公司

加拿大广播公司是加拿大广播体制改革的产物。整体来看,广播产业从私营到国有是改革的大致趋势。1913年颁布的《无线电报法令》规定了无线电技术的使用,1919年一家私人无线电报公司获得了执照并开始实验性地进行无线电广播。到了1927年,全国已经有了75个私人商业性质的广播站,广播范围覆盖了每一个省份。1928年,总理麦肯齐·金组建了无线电广播皇家委员会专门负责调研加拿大的广播现状,并针对政府未来的管理给出建议。不久,该委员会呈交的报告中表示"委员会全体成员一致同意:加拿大的无线电听众想要听到加拿大的广播"。这份报告还主张联邦政府应对无线电技术的使用、营业执照的发放以及各省在广播节目上的权力加以管控。① 1930年,加拿大广播联盟成立,其主要目的是通过动员、游说获得支持,以建立一个加拿大公共广播机构。其工作卓有成效,总理本内特在议院成立了一个委员会来考虑这个提议的可行性。1932年,加拿大政府通过了第一个广播法,并成立公共广播机构"无线电广播委员会"负责全国广播电台的管理。公共广播网的收入主要来自广告收入和政府收取的执照费用。根据该广播法,私

---

① "Report of the Royal Commission on Radio Broadcasting", Ottawa: King's Printers, 1929. Cited in Serjit Kaur, "The Question of the Independence of the CBC in the Second World War: A Historical Analysis", Master's Thesis The University of Windsor, 1982, p. 2, https://scholar.uwindsor.ca/cgi/viewcontent.cgi?article=7781&context=etd.

人被禁止经营广播网，但私人电台可以附属于公共广播网。1936年，新的广播法诞生，加拿大建立了一个新的全国性广播机构——加拿大广播公司，其节目以具有加拿大特色为主，布罗金顿担任第一任主席。①

加拿大公共广播的兴起以及无线电广播委员会和加拿大广播公司的成立与加拿大统一的身份认同的建立有着紧密联系。尤其是在经济大衰退时期，经济原因诱发的各种社会问题难以解决，社会撕裂加剧，无线电广播"通过新闻、音乐、综艺、喜剧和戏剧分散人们的注意力，人们不仅获取了信息，还得到了娱乐的机会"，不仅如此，无线电广播还能"塑造观念、解释时事、赞助艺术、改变社会习惯，堪称是现实版的加拿大国家剧院"。②

二战期间，加拿大广播公司对塑造加拿大人对二战的看法、鼓舞加拿大人团结一致与法西斯势力抗争做出了很大贡献。正如加拿大广播公司1940—1941年的年度报告中所写的那样，此阶段加拿大广播公司的主要任务是"让加拿大人完全、准确地了解国内外战争的一切进程，并将战争中的努力与每个加拿大人的生活紧密联系起来，增强加拿大人的信心，鼓舞其拼搏，并激发其献身于国家艰苦事业中的愿望"。③ 为了达成这些目标，加拿大广播公司制作了大量普及战争进程信息、提升加拿大

---

① Serjit Kaur, "The Question of the Independence of the CBC in the Second World War: A Historical Analysis", Master's Thesis The University of Windsor, 1982, pp. 1 - 10, https://scholar.uwindsor.ca/cgi/viewcontent.cgi?article = 7781&context = etd.

② Carolyne Summer, "John Weinzweig, Leftist Politics, and Radio Drama at the CBC During the Second World War", Master's Thesis University of Ottawa, 2016, pp. 12 - 13, https://www.academia.edu/31470380/John_Weinzweig_Leftist_Politics_and_Radio_Drama_at_the_CBC_During_the_Second_World_War.

③ Canadian Broadcasting Corporation, "Annual Report, 1940 - 1941", Toronto: CBC Music and Library Archives. Cited in Carolyne Summer, "John Weinzweig, Leftist Politics, and Radio Drama at the CBC During the Second World War", Master's Thesis University of Ottawa, 2016, pp. 15 - 16, https://www.academia.edu/31470380/John_Weinzweig_Leftist_Politics_and_Radio_Drama_at_the_CBC_During_the_Second_World_War.

人战斗士气、鼓舞加拿大人支持战时政策的广播节目。另外，加拿大广播公司还用这些节目鼓舞加拿大士兵的斗志，赞扬加拿大在战争中的努力与贡献，宣传加拿大的军事胜绩。广播剧就是加拿大广播公司制作的用于战争宣传的一种广播节目形式。许多战时制作的广播剧都围绕着民族主义、爱国主义和军事等题材展开，意在娱乐听众的同时普及战争信息、宣传加拿大贡献、鼓舞民众精神。《坚持住，加拿大》是一部很典型的战时广播剧。1941年，这部广播剧开始以周播的形式播送给听众。根据加拿大广播公司网上档案馆的记录，《坚持住，加拿大》的情节较为简单，以对话形式展开，它旨在说服加拿大人协助加拿大的战时政策，为反法西斯战争做出贡献，例如，有一集"呼吁每一位加拿大主妇收集用过的铝制品并将它们捐赠给政府以备战争之需"。这部剧集还传递了加拿大作为"民主的武器库""决心投身战争的自由人民的国度"的形象。还有些广播剧旨在使民众警惕法西斯主义和纳粹统治的危险，《纳粹紧盯着加拿大》就是其中的经典之作。这部剧集制作于1942年，一共分为5集，描述了纳粹统治下的加拿大。还有些广播剧是为了建立加拿大人的文化身份认同，例如《我们的加拿大》（1942）就激发了加拿大人在战争期间的民族主义、爱国主义热情。[①]

2. 加拿大国际广播电台

加拿大很早就开始思考将广播服务拓展到国外，但直到二战末期这个想法才得以实现。早在20世纪30年代，加拿大广播公司的调研报告就建议在国外播送加拿大的内容，向世界传递加拿大的观点。40年代早期，国会广播委员会认可了这项需求，后来，麦肯齐·金在1942年宣布开通国外短波无线电广播，目的是让在国外战斗的加拿大军队能够

[①] Carolyne Summer, "John Weinzweig, Leftist Politics, and Radio Drama at the CBC During the Second World War", Master's Thesis University of Ottawa, 2016, pp. 19 – 20, https：//www.academia.edu/31470380/John_Weinzweig_Leftist_Politics_and_Radio_Drama_at_the_CBC_During_the_Second_World_War.

接收到国内的娱乐、时事信息。1942年9月18日，枢密令的签署标志着加拿大国际广播电台正式成立。1944年末，制作设备和信号传输装置都逐渐配置完成，国外广播测试的技术条件已经成熟。12月25日，加拿大国际广播电台正式对远在欧洲的军队进行了英法双语的广播测试，结果大为成功。1945年初，加拿大广播公司宣布从2月25日开始加拿大国际广播电台将以"加拿大之声"的名字正式向国外播送节目。

加拿大国际广播电台在二战末期发挥了很大作用。尽管1944年末，加拿大国际广播电台的测试才在欧洲完成。但很快，它就成了加拿大在欧洲最强大的声音传播者。与此同时，盟国与德意志在战场上的交锋走向尾声，而心理战在欧洲拉开了序幕。加拿大国际广播电台在与德意志的心理战中加紧战况宣传，让德国人知道了自己真正的处境，打破了德意志的最后一道防线，真正击溃了德意志法西斯势力。

冷战初期，加拿大国际广播电台又成了西方阵营的意识形态宣传工具。二战结束后，加拿大国际广播电台和加拿大外交部的关系愈发密切。外交部坚持认为加拿大国际广播电台的一切播报活动需要向外交部请示，因为外交部向国际广播电台提供资金，且外交部是战时决定一切对外事务的权力机构，对国际广播电台和战时新闻委员会有无可比拟的影响。[①] 1948年，考虑到在社会主义国家发行本国的电影和出版物并不现实，联邦政府表示加拿大国际广播电台是向社会主义国家传输消息的实用载体，因此，国际广播电台应当时刻播送符合加拿大外交目标的内容。这说明，在冷战初期，加拿大国际广播电台完全受加拿大外交部的控制，其主要任务是向社会主义国家传播西方民主价值观，在冷战中协助西方阵营。

3. 评价

总之，加拿大广播公司和加拿大国际广播电台在二战宣传中做出了

[①] Evan H. Potter, "Branding Canada: Projecting Canada's Soft Power through Public Diplomacy", Montreal: McGill – Queen's University Press, 2009, p. 82.

很大贡献。加拿大广播公司的国内广播向加拿大人普及了战争进程，激发了加拿大人团结一致的民族主义、爱国主义热情，鼓舞了加拿大人努力奋斗、为战争出一份力、支持政府战时决策的信心，且建立了加拿大人统一的身份认同。加拿大国际广播电台在二战后期的心理战中发挥了巨大作用，击溃了德意志的最后一道防线。

冷战初期，加拿大国际广播电台向社会主义国家播送体现西方国家，尤其是加拿大本国价值观的内容，这不但传播了加拿大自由、民主、包容的国家形象，有利于加拿大在战后实施"中等国家"外交并吸引移民，而且对冷战中的官方外交目标的实现提供了有利条件。

三、总结与评价

从二战开始到冷战开始，为了协助盟国取得战争胜利、在战后的国际秩序建立中发挥独立作用以及吸引第三世界的移民，加拿大意识到了打造国家品牌、塑造良好国际形象的重要性。受到战争中即时传输信息、鼓舞民众士气等需求的驱动，加拿大组建了第一批公共外交机构：国家电影局、战时新闻委员会、加拿大国际广播电台。早期公共外交的实践对加拿大后续外交政策的制定主要产生了三点启发：首先，开展公共外交需要有专门的政府机构。公共外交的实施主体是一国政府，对象是他国普通民众或非政府外交机构。只有设立专门的政府机构，才能瞄准目标，提高效率。其次，媒体是开展公共外交最好的载体。二战期间设立的这三个机构无一不与媒体有紧密联系。最后，要注重开展文化外交，输出本国文化。文化是国家的身份标志，要在世界上打造国家品牌，必须注重文化宣传。这个时期虽然已经有人提出了组建"对外文化关系事务司"、开展文化外交的建议，但由于此时最大的任务是战胜法西斯，该建议没有得到重视，并最终搁置了下来。然而，开展文化外交的想法具有先进性，在和平年代会有更重要的意义。

第二章　发展期：圣劳伦特、迪芬贝克和皮尔逊政府时期（1948—1968年）

　　第二次世界大战结束后不久，英国首相丘吉尔的"铁幕演说"便击碎了短暂的和平假象，世界被卷入了美国和苏联两个超级大国的冷战阴影之中。两大对立集团之外，第三世界民族解放运动风起云涌，许多国家摆脱殖民主义走上了独立发展的道路。与此同时，加拿大的魁北克地区正经历一场名为"寂静革命"的蜕变，民族主义情绪随之滋生。在此背景下，首先，圣劳伦特政府、迪芬贝克政府和皮尔逊政府在公共外交方面奉行自由国际主义，努力培植本国亲善友好的国际主义形象，提高本国的国际声望。加拿大也致力于援助西方盟国，宣传西方资本主义民主制度的优越性，阻止共产主义的扩张。其次，随着英裔与法裔之间的矛盾愈发尖锐，联邦政府不得不应对来自魁北克在文化外交上的竞争，因而，提高法语国家民众对联邦政府的认可度、明确联邦政府在国际上的合法地位、维护国家统一也是这段时期政府的重要目标。在实践层面上，加拿大通过"科伦坡计划"对东南亚国家实施援助。再次，"文化外交"正式跃入加拿大政治家的视野，并成为此时期公共外交的重点。加拿大建立了本国第一个开展文化外交的公共机构——"加拿大艺术委员会"，后又相继发起"英联邦奖学金和研究金计划"以及"加拿大法语国家奖学金项目"，以促进加拿大与外国的文化交往。为了提高加拿大联邦政府在法语国家民众间的显示度，加拿大政府还与法国政府签署了首个对外文化交流、投资的重要协定，并将协定签署范围扩展至其他法语国家及主要移民来源国。最后，为了解决文化外交活动散乱、缺乏组织领导的问题，加拿大政府组建了第一个文化外交专门机构，即文化事务司。随后，政府又组织了一次针对公共外交的深入审查，以回应国内民众对加拿大对外宣传工作之匮乏的批评。总而言之，在此时期，政府开发援助开始成为公共外交的重要手段，加拿大的文化外交得到了初步发展，加拿大极大地丰富了公共外交的实践，同时也实现了公共外交路径的初步探索。

一、背景与目标

第二次世界大战的结束没有给世界带来真正的和平，随之而来的是以美国和苏联为首的国家集团间的长达近半个世纪的对峙。同时，反殖民主义运动汹涌澎湃，第三世界国家纷纷以独立自主的姿态走上国际舞台。在国内，魁北克在经历了"寂静革命"之后发展迅速，在民族主义情绪的推动下，另辟蹊径，通过加深与法语国家的对外文化交往来强化其在国际社会的显示度。面对风云变幻的国际国内形势，圣劳伦特政府、迪芬贝克政府和皮尔逊政府在公共外交方面主要有三个目标：树立加拿大亲善友好的国际主义形象，提高加拿大的国际声望；宣传西方资本主义民主制度的优越性，抵御共产主义；提高法语国家民众对加拿大联邦政府的认可度，维护国家统一。

（一）树立亲善友好的国际主义形象，提高国际声望

二战结束后至冷战初期，加拿大政府奉行自由国际主义，主张积极承担国际责任。1947年，作为麦肯齐·金政府的外交部长，圣劳伦特在多伦多大学发表了著名的"纪念格雷的演讲"。他提出了加拿大外交的五个原则：促进国家统一；坚持政治自主；坚持依法

处理国内、国际事务；坚持基督教文明价值观；积极承担国际责任。① 圣劳伦特倡导建立并遵守国际法，主张加拿大积极承担与其身份相符合的国际责任，认可国际组织的重要性，其自由国际主义信仰可见一斑。迪芬贝克虽是保守党总理，但他仍延续了自由国际主义的外交理念，注重扩展已有的国际组织的工作范围，以此提高加拿大的国际地位。皮尔逊政府的外交部长保罗·马丁1963年在众议院的讲话展现出更强烈的自由国际主义风格，他强调了加拿大外交政策的五个重要任务：利用北美航空防御指挥部以及北大西洋公约组织维护集体安全；通过联合国控制军备；积极参与联合国主导的维和、斡旋行动；通过多边援助减轻世界经济不平等；支持符合《联合国宪章》的国际维和行动。② 可以看出，皮尔逊政府不仅将世界和平视为加拿大国家安全的必要前提，③ 强调发挥安全机构的作用，还主张援助欠发达地区发展、促进世界经济平等。

　　冷战期间，通过担任中立的调停者、维和者，加拿大在国际舞台上展示了利他主义价值观与国家责任意识。④ 1955年，保罗·马丁主张联合国建立"允许东西方阵营相似数量的国家加入联合国，并由中立的、不结盟的国家主持联合国"的准则，⑤ 这个准则的建立极大促进了联合国的发展，也体现了加拿大在冷战时期调停矛盾的意图。此外，1956年，在加拿大外交部长皮尔逊的主张下，联合国派遣紧急部队巧妙地化解了苏伊士运河危机，皮尔逊因此获得诺

---

① Louis St. Laurent, "The Foundations of Canadian Foreign Policy in World Affairs", https://www.russilwvong.com/future/stlaurent.html.
② John Kirton, "Canadian Foreign Policy in a Changing World", Toronto: Nelson, 2007, p. 118.
③ A. Walter Dorn, "Canadian Peacekeeping: Proud Tradition, Strong Future?", Canadian Foreign Policy Journal, Vol. 12, NO. 2, 2005, p. 20.
④ 钱皓：《中等强国参与国际事务的路径研究——以加拿大为例》，《世界政治》2007年第6期，第48页。
⑤ John Kirton, "Canadian Foreign Policy in a Changing World", Toronto: Nelson, 2007, p. 114.

贝尔和平奖。加拿大对苏伊士运河危机的出色应对是加拿大外交的一次胜利，也促使加拿大在冷战时期积极参与联合国领导的维和行动。

公共外交与传统外交相辅相成，因此，为了培植本国亲善友好的国际主义形象，提高本国国际声望，加拿大在公共外交方面也展示出强烈的自由国际主义倾向。在此期间，加拿大积极参与"科伦坡计划"，主动发起"英联邦奖学金和研究金计划"以及"加拿大法语国家奖学金项目"，助力欠发达地区经济和教育的发展；组建加拿大艺术委员会，大力资助加拿大和外国的文化艺术交流，设立专门部门与联合国教科文组织对接，促进世界范围内文化、教育、科学的发展。

总之，在此时期，自由国际主义价值观得到热烈拥护，增进文化交流、助力第三世界国家发展、以培植加拿大亲善友好的国际主义形象成为加拿大政府的关注重点，这就为公共外交的发展提供了合适的土壤。

（二）宣传西方资本主义民主制度的优越性，抵御共产主义

虽然加拿大政府奉行自由国际主义，但是这并不代表加拿大有能力脱离冷战漩涡做到真正的"中立"。因此，宣传西方资本主义民主制度的优越性，遏制共产主义的扩张是加拿大公共外交的另一重要目标。

冷战归根结底是意识形态之间的对立。1946 年，丘吉尔在题为《和平的关键》的演讲中说道："一道横贯欧洲大陆的铁幕已经降落下来。""铁幕"两侧是共产主义世界和西方世界。[1] 另外，第三世

---

[1] Winston S. Churchill, "The Sinews of Peace", Mar. 5, 1946, https://www.nato.int/docu/speech/1946/s460305a_e.htm.

界国家纷纷摆脱殖民走向独立,这些地方的意识形态之争尤为激烈,因此,西方阵营通过经济援助等手段宣传自身"进步、民主"的正面形象,力图拉拢这些国家,壮大西方阵营。而加拿大作为西方阵营中的重要一员,也就将宣传西方世界民主自由的意识形态视为自己的重要任务。

在冷战背景下,出于保障国家安全和抵御共产主义的需求,加拿大将美国视为最重要的盟友。因而,协助盟友宣传西方意识形态与树立本国的国际主义形象这两个目标看似矛盾,实则是加拿大务实的选择。加拿大对中南半岛问题的应对就展现了其对这两个目标的权衡。二战后,越南反殖民主义独立力量与法国军队冲突不断,1954年,法国与越南签署《日内瓦协议》宣布停战。加拿大随即加入国际管制委员会并派兵与波兰、印度一起监督停战协议的履行。时任外交部长的皮尔逊称加拿大承担监督责任是为了促进东南亚地区的安全稳定,① 但是,这套国际主义的说辞在实际情况中显得有些站不住脚。国际管制委员会中加拿大代表舍伍德·列特收到的来自加拿大政府的信件表明,加拿大意图在东南亚地区维护和平、提振经济,其最终目的是将该地区纳入西方阵营、阻止共产主义的发展。②

为了宣传西方民主意识形态、阻止共产主义力量的扩张,加拿大在冷战初期致力于协助盟友。为了复兴二战后满目疮痍的欧洲,防止共产主义在欧洲渗透,美国在1947年提出实施"马歇尔计划"

---

① Paul Martin, "Statement to Board of Evangelism and Social Service of the United Church", Feb. 18, 1965. Cited in Eric Wagner, "The Peaceable Kingdom? The National Myth of Canadian Peacekeeping and the Cold War", Canadian Military Journal, Winter 2006 - 2007, p. 51.

② John Holmes, "The Shaping of Peace: Canada and the Search for World Order 1943 - 1957", Vol. 2, Toronto: University of Toronto Press, 1982, p. 209 - 210. Cited in Eric Wagner, "The Peaceable Kingdom? The National Myth of Canadian Peacekeeping and the Cold War", Canadian Military Journal, Winter 2006 - 2007, p. 51.

向欧洲国家实施经济支援。加拿大驻美大使休姆·朗认为"苏联政府的行为就是我们支持'马歇尔计划'的最大原因",① 因此,出于保卫西方意识形态的需要,加拿大积极参与"马歇尔计划"。据统计,"马歇尔计划"期间,加拿大向欧洲援助了总价值高达7.06亿美元的食品、机器设备以及原材料。②

此外,加拿大也积极利用公共外交手段宣传西方资本主义民主制度的优越性,巩固反共产主义的西方战线。加拿大积极参与"科伦坡计划",通过经济和技术援助助力东南亚经济困难国家的发展,提高该地区民众对西方资本主义制度以及加拿大的好感度。在教育方面,加拿大发起"英联邦奖学金和研究金计划",设立多个面向英联邦欠发达国家的奖学金和研究金,拉拢这些国家尤其是印度的民心,巩固英联邦团结以共同对抗共产主义。

因此,为了在世界范围内,尤其是在第三世界国家中,塑造西方意识形态以及社会制度"进步、民主、友善"的形象,巩固、扩大反共产主义的阵线,加拿大的公共外交得到进一步发展。

(三)提高法语国家民众对加拿大联邦政府的认可度,维护国家统一

除了培植自身的国际主义形象与宣传西方资本主义制度的优越性之外,圣劳伦特政府、迪芬贝克政府和皮尔逊政府还力图通过公共外交手段提高法语国家民众对加拿大联邦政府的好感度与认可度,以遏制魁北克地区的民族主义势头,维护国家统一。

---

① Hume Wrong, External Affairs Records, file 264 (s), Sep. 26, 1947. Cited in J. L. Granatstein and R. D. Cuff, "Canada and the Marshall Plan, June – December 1947", Historical Papers, Vol. 12, NO. 1, 1977, p. 202.
② 钱皓:《加拿大对外援助与国家海外形象建构》,《国际关系》2014年第6期,第43页。

20世纪五六十年代，加拿大社会形势严峻，英裔与法裔族群的矛盾一触即发，这极大地威胁了加拿大国家统一。"英、法两种语言和英、法裔两大族群的并存、对抗"① 一直是加拿大社会发展过程中的一大特点，因此加拿大难以形成一个统一的民族身份。二战之后，英裔与法裔之间的差距拉大，经济、政治及语言等方面的不平等激化了两大族群之间的冲突，迅速推进的工业化及新技术革命浪潮扩大了英裔、法裔的经济差距。据统计，1961年魁北克省的14个族群中，法裔的收入水平排在第12位，英裔的收入水平则高居榜首。② 政治方面，中央政府长期由英裔掌控。语言方面的不平等也让法裔感受颇深。例如，在法语人口数量占绝对优势地位的希尔布鲁克和三河地区，英语却成为生存发展必备的语言。③ 制度性的不平衡使得法裔对加拿大社会愈发不满。20世纪60年代的"寂静革命"之后，魁北克民族主义抬头。在让·勒萨热的自由党领导下，魁北克对宗教、经济、政治、教育等多个领域进行了大刀阔斧的改革，曾由天主教把持的教育得以走向现代化，水电行业实现公有化，法裔加拿大人的民族认同感随之增强，他们以"魁北克人"④ 之名凝聚在了一起。

在高涨的民族主义情绪驱动下，魁北克开始追求政治自治，并

---

① 王俊芳：《加拿大双语和二元文化讨论探析》，《史学月刊》2007年第6期，第80页。

② Eric Waddell, "State, Language and Society", in Alan Cairns and Cynthia Williams eds., "The Politics of Gender, Ethnicity and Language in Canada", Toronto: University of Toronto Press, 1986, p. 89; 王俊芳：《加拿大双语和二元文化讨论探析》，《史学月刊》2007年第6期，第80页。

③ Royal Commission on Bilingualism and Biculturalism, "A Preliminary Report of the Royal Commission on Bilingualism and Biculturalism", Ottawa, 1965; 王俊芳：《加拿大双语和二元文化讨论探析》，《史学月刊》2007年第6期，第80页。

④ René Durocher, "Quiet Revolution", The Canadian Encyclopedia, Jul. 30, 2013, https://www.thecanadianencyclopedia.ca/en/article/quiet-revolution.

在国际舞台上崭露头角，与法语国家"独立"地开展文化交流活动。① 例如，1961年，"魁北克之家"在巴黎、伦敦和纽约成立。1965年，魁北克还试图与法国签署文化和教育协定。1965年，皇家双语和二元文化委员会在报告中指出："加拿大正经历历史上最严重的危机时刻，这个危机的根源在魁北克。"②

面对来自魁北克省在文化外交上的竞争与挑战，加拿大联邦政府致力于提高法语国家民众对加拿大联邦政府的认可度，明确联邦政府在国际上的合法地位。通过发起"加拿大法语国家奖学金项目"，并与法语国家签署文化交流框架协定，联邦政府力图"整合碎片化、分裂化的文化交流活动，建构统一的加拿大文化，在国际舞台上发出统一的声音"③，维护国家统一。

二、决策与实践

为了实现树立自身国际主义形象、宣传西方意识形态以及提高法语国家民众对加拿大联邦政府的好感度和认可度这三点目标，圣劳伦特政府、迪芬贝克政府和皮尔逊政府在经济援助、文化外交以及教育援助等方面作出诸多努力，进一步探索了公共外交的实践路径。

---

① Evan H. Potter, "Branding Canada: Projecting Canada's Soft Power through Public Diplomacy", Montreal: McGill - Queen's University Press, 2009, p. 86.

② Royal Commission on Bilingualism and Biculturalism, "A Preliminary Report of the Royal Commission on Bilingualism and Biculturalism", Ottawa, 1965. Cited in René Durocher, "Quiet Revolution", The Canadian Encyclopedia, Jul. 30, 2013, https://www.thecanadianencyclopedia.ca/en/article/quiet - revolution.

③ 郝光：《加拿大文化外交的缘起与特色——基于多元文化主义的分析》，《科技资讯》2017年第13期，第177页。

（一）"科伦坡计划"

二战后，为了宣传西方资本主义及西式民主制度，防止第三世界国家被苏联拉拢，以及建构本国"亲善的国际主义"海外形象，[①]加拿大主动通过"科伦坡计划"对物质匮乏的国家进行经济援助。

"科伦坡计划"全称为"南亚和东南亚经济合作发展科伦坡计划"脱胎于冷战初期英联邦国家通过援助第三世界国家来抵制共产主义扩张的设想。第二次世界大战结束后，随之而来的不止有美苏争霸的两极格局，还有浩浩荡荡的第三世界民族解放独立运动。这些取得独立地位的国家游离于两大集团之外，成为美苏争夺和拉拢的对象。皮尔逊在1950年作为外交部长向众议院解释"科伦坡计划"时直言道："共产主义现在很有可能扩张到东南亚甚至中东地区……为了防止东南亚和南亚被共产主义征服，我们自由民主国家必须证明，代表国家解放、经济社会进步的是我们，而不是苏联人。"[②] 因此，防止贫困蔓延、遏制共产主义是加拿大援助第三世界的首要出发点。此外，加拿大在选择政府开发援助的对象时，尤其青睐文化或意识形态相近的国家，[③] 而南亚和东南亚地区多为英国的前殖民地，因此加拿大对这些地区的发展尤为关注。

"科伦坡计划"经历了"提出设想—确定框架—正式落地"三个阶段。1950年1月，英联邦外长在锡兰（现改称斯里兰卡）首都科伦坡举行会议，这是英联邦外长第一次在亚洲会晤，也是二战后新英联邦成员国的第一次外长会议。这次会议的重要议题是"共产

[①] 钱皓：《加拿大对外援助与国家海外形象建构》，《国际观察》2014年第6期，第42页。

[②] Keith Spicer, "Clubmanship Upstaged: Canada's Twenty Years in the Colombo Plan", International Journal, Vol. 25, NO. 1, 1969, p. 25.

[③] 黎旭坤：《加拿大政府开发援助的国内道德因素研究》，博士论文，外交学院，2014年，第13页。

主义的扩张以及南亚和东南亚面临的社会、经济和政治稳定问题",① 会议中代表们商讨以"马歇尔计划"为样板支援"不发达"和"欠发达"的南亚和东南亚国家的经济发展，以遏制这些地区的共产主义运动。②"科伦坡计划"主要包括英联邦国家，该项目的最初成员是印度、巴基斯坦、锡兰，当时英国控制下的马来西亚、新加坡、沙捞越（现马来西亚的一部分），以及英国、加拿大、澳大利亚、新西兰。③ 1950年9—10月间的伦敦会议正式确定了"科伦坡计划"的内容框架。会议报告指出，援助内容主要分为"资金援助"和"技术支持"两大部分，其中，技术支持指："欠发达国家分享发达工业国家的科学技术、经验和发明。"④ 加拿大加入"科伦坡计划"后，截至1960年，一共拨款3.32亿美元支持东南亚和南亚地区的发展。在1951—1952年度，加拿大专注于技术援助，资金援助方面仅拨款40万美元，但到了1951—1952年度，这个数字攀升至2540万美元。此后，加拿大政府继续加大对"科伦坡计划"的投入。1956—1957年度，加拿大投入3400万美元，1959—1960年度，加拿大的投入增长至5000万美元。⑤ 其援助对象也从印度和巴基斯坦两国扩展至锡兰、孟加拉国以及印度尼西亚等多个国家。⑥ 技术援助方面，加拿大从三个方面进行：（1）提供技术援助资金，

---

① 孙建党：《科伦坡计划与加拿大对南亚和东南亚的发展援助》，《历史教学》2011年第12期，第66页。

② Department of External Affairs, "Canada and the Colombo Plan, 1951 – 1961", 1961, p. 5, https：//gac. canadiana. ca/view/ooe. b1603607E/1？ r = 0& s = 1.

③ 钱皓：《加拿大对外援助与国家海外形象建构》，《国际观察》2014年第6期，第43页。

④ 钱皓：《加拿大对外援助与国家海外形象建构》，《国际观察》2014年第6期，第43页。

⑤ Department of External Affairs, "Canada and the Colombo Plan, 1951 – 1961", 1961, p. 11, https：//gac. canadiana. ca/view/ooe. b1603607E/1？ r = 0&s = 1.

⑥ Denis Stairs, "Colombo Plan", The Canadian Encyclopedia, Dec. 15, 2013, https：//www. thecanadianencyclopedia. ca/en/article/colombo – plan.

实行专款专用；(2) 派出专家实地指导和培训；(3) 提供培训设施与设备。① 加拿大技术援助中的人才培养主要采取"走出去，请进来"的双向援助法，② 即：一方面，加拿大派专家远赴东南亚地区培训人才；另一方面，这些国家派人来加拿大接受短期培训。③ 据估算，第一个6年计划中有492名来自南亚和东南亚的技术人员和青年学生在加拿大接受了培训，74名加拿大专家和技术人员被派往东南亚，协助受援国的基础建设。④ 在人才培训之外，加拿大还向缅甸、锡兰、印度尼西亚、马来西亚、北婆罗洲（现马来西亚的沙巴州）、巴基斯坦、新加坡和越南等东南亚多国和地区的大学提供了大量设备和书籍。⑤

"科伦坡计划"是加拿大政府开发援助的开端，也是加拿大官方对外援助中规模最大、历时最长、最有成效的援助。⑥"科伦坡计划"带来的效益是双向的。从受援国角度来看，从1951年"科伦坡计划"正式实施到1992年加拿大退出援助计划，几乎所有参与计划的受援国都得到了加拿大不同程度的资金和技术支持，成为战

---

① 钱皓：《加拿大对外援助与国家海外形象建构》，《国际观察》2014年第6期，第44页。

② 钱皓：《加拿大对外援助与国家海外形象建构》，《国际观察》2014年第6期，第44页。

③ Department of External Affairs, "Canada and the Colombo Plan, 1951–1961", 1961, p. 24, https://gac.canadiana.ca/view/ooe.b1603607E/1?r=0&s=1.

④ 钱皓：《加拿大对外援助与国家海外形象建构》，《国际观察》2014年第6期，第44页。

⑤ Department of External Affairs, "Canada and the Colombo Plan, 1951–1961", 1961, p. 24, https://gac.canadiana.ca/view/ooe.b1603607E/1?r=0&s=1.

⑥ 钱皓：《加拿大对外援助与国家海外形象建构》，《国际观察》2014年第6期，第45页。

后首批复兴的亚洲国家。① 据统计，截至 1961 年，受援国的国民收入增速普遍维持在 3%—5% 之间。② 从加拿大的角度来看，"科伦坡计划"使加拿大收获了有形与无形两种资产。首先，加拿大通过振兴东南亚及南亚地区有效地遏制了共产主义在该地区的扩张；其次，加拿大向广阔的东南亚及南亚市场输出了大量"加拿大制造""加拿大生产""加拿大培训"和"留学加拿大项目"；与此同时，加拿大成功输出了"博爱、和平、平等、自由"这样的文化价值观，使其亲善友好的国际主义海外形象在亚洲地区深入人心。③

（二）加拿大艺术委员会

加拿大公共外交在圣劳伦特和皮尔逊时期的一大特色就是丰富多彩的对外文化交流活动，而加拿大艺术委员会就是这个时期建立的——也是加拿大首个——开展文化外交的官方机构。

1. 背景

加拿大艺术委员会的建立主要是基于发展加拿大文化的现实考量，20 世纪 40 年代民间组织"加拿大艺术家联盟"的努力与游说促使政府进一步认识到艺术在发展加拿大文化中的重要作用，1949 年，梅西委员会发布的报告直接催生了艺术委员会。另外，政府关于组建文化外交部门的讨论由来已久，二战中外交部关于组建文化

---

① 钱皓：《加拿大对外援助与国家海外形象建构》，《国际观察》2014 年第 6 期，第 45 页。

② Department of External Affairs, "Canada and the Colombo Plan, 1951 – 1961", 1961, p. 32, https://gac.canadiana.ca/view/ooe.b1603607E/1? r = 0& s = 1.

③ Department of External Affairs, "Canada and the Colombo Plan, 1951 – 1961", 1961, p. 32, https://gac.canadiana.ca/view/ooe.b1603607E/1? r = 0& s = 1.

外交部门的讨论以及1948年外交部备忘录中对于公共外交的叙述反映出建立文化外交机构的需求，于是，艺术委员就肩负起了开展文化外交的职责。

加拿大艺术家联盟建立于二战初期，其目的是"将所有加拿大艺术家团结起来，发掘人才，组织区域性以及国家性艺术活动，出版艺术杂志，助力加拿大艺术及艺术家的整体发展"。① 二战期间，加拿大艺术家联盟说服政府雇佣专业艺术家以艺术的形式记录加拿大在二战中的努力，并向政府提交简报说明了文化艺术在加拿大战后重建中的重要地位。② 加拿大艺术家联盟的游说强调艺术在加拿大文化，乃至全社会中的重要角色，这深化了政府对文化发展的认识，促使政府以艺术为抓手发展加拿大文化。之后，加拿大艺术家联盟的游说促使梅西委员会将加拿大文化艺术发展作为重点写在报告中，推动了加拿大艺术委员会的诞生。

梅西委员会对建立加拿大艺术委员会起到了关键性的作用。二战后，出于对极权国家利用文化机构进行政治宣传以及美国强势的文化侵袭的忧虑，圣劳伦特总理指示成立委员会献言献策。1949年4月8日，梅西委员会成立，其全称为"国家艺术、文化、科学发展皇家委员会"，顾名思义，委员会的工作主要是调查加拿大艺术及文化的发展情况并提出有关"让国内外民众了解加拿大"的建议。因多伦多大学校长文森特·梅西领导委员会工作，"梅西委员会"由此得名。梅西委员会广泛展开调研，在国内16个城市中共召开了114场公共会议，听取了大概1200位民众的意见，收集了大

---

① Ellen Poole, "65 Years of Artistic Achievement: A History of the ECA", FCA, 2007, p. 2, https://artists.ca/content/item/download/37/83.

② Ellen Poole, "65 Years of Artistic Achievement: A History of the ECA", FCA, 2007, p. 3, https://artists.ca/content/item/download/37/83.

约450份简报，并邀请多个领域的专家建言献策。①

  直接促成了加拿大艺术委员会建立的是梅西委员会于1951年发布的报告，这份报告是加拿大文化政策发展历史中最全面、最有影响力的文件。它为加拿大政府"通过资助和发展国家文化机构来整合国家文化事业"打下了坚实基础。② 报告指出，加拿大文化发展的障碍主要包括"地广人稀的人口地理条件、国家尚未成熟的现实以及由此造成的对强大慷慨的邻居的依赖"，并以"贫血"一词暗喻加拿大文化艺术的匮乏。③ 基于这些发现，梅西委员会在报告中提出了146项建议，这些建议涵盖了广播、电视、加拿大广播公司、国家电影局、高校资助、中学后教育中的人文艺术教育、艺术专业国家奖学金、人文社科和科学研究等多个方面。④ 更为重要的是，报告强调了政府资助文化艺术发展的必要性。文件中说道："支持能够表达民族感情、增强加拿大人相互理解以及丰富加拿大城乡生活的机构的发展，符合加拿大的国家利益。这需要联邦、省级和地方政府的共同努力。"⑤ 于是，加拿大艺术委员会应运而生。

---

  ① J. D. M. Stewart and Helmut Kallmann, "Massey Commission", The Canadian Encyclopedia, 2006, https：//www. thecanadianencyclopedia. ca/en/article/massey‐commission‐emc.

  ② Rachel Maxwell, "The Place of Arts and Culture in Canadian Foreign Policy", Ottawa：Canadian Conference of the Arts, 2007, p. 23, https：//hillstrategies. com/2008/06/17/the‐place‐of‐arts‐and‐culture‐in‐canadian‐foreign‐policy/.

  ③ J. D. M. Stewart and Helmut Kallmann, "Massey Commission", The Canadian Encyclopedia, 2006, https：//www. thecanadianencyclopedia. ca/en/article/massey‐commission‐emc.

  ④ J. D. M. Stewart and Helmut Kallmann, "Massey Commission", The Canadian Encyclopedia, 2006, https：//www. thecanadianencyclopedia. ca/en/article/massey‐commission‐emc.

  ⑤ J. D. M. Stewart and Helmut Kallmann, "Massey Commission", The Canadian Encyclopedia, 2006, https：//www. thecanadianencyclopedia. ca/en/article/massey‐commission‐emc.

另外，加拿大对于文化外交机构的需求促使艺术委员会肩负起文化外交的职责。麦肯齐·金时期建立起的战时宣传机构本质上承担起了公共外交的一些工作，加拿大文化外交也已经开始萌芽，这为加拿大政府深入开展文化外交奠定了基础。早在二战结束前，外交部已经开始思考设立专门机构来管理"新闻信息"和"文化关系"两方面的事务，所谓"文化关系"事务即包括"在国外发行加拿大的图书、电影、广播节目，向国外提供加拿大的音乐作品，促进艺术、学术交流，举办互访活动"。[1] 加拿大政府在20世纪40年代开展了一些文化交流活动。譬如，政府派遣了一些知识分子和艺术家去国外进行交流，加拿大广播公司的节目也在国外的广播站和图书馆陆续播送。[2] 1945年，加拿大驻法国使团设立了有史以来第一个文化顾问的职位[3]，表明了加拿大对与法国之间文化关系的重视。尽管这些实践零散而缺乏组织，[4] 但不可否认的是，这些初步尝试为50年代及之后文化外交的蓬勃发展做了一定程度的准备。1948年一份外交部备忘录首次官方肯定了公共外交的作用。这份文件指出："向外国民众提供真实的公共新闻信息是外交的重要部分……民意对政策具有持续、决定性的影响……国家关系不仅取决

---

[1] L. A. D. Stephens, "Study of Canadian Government Information Abroad 1942 – 1972: The Development of the Information Cultural and Academic Divisions and Their Policies", Ottawa: Department of External Affairs, 1977, Chap. 2, p. 9.

[2] L. A. D. Stephens, "Study of Canadian Government Information Abroad 1942 – 1972: The Development of the Information Cultural and Academic Divisions and Their Policies", Ottawa: Department of External Affairs, 1977, Chap. 3, p. 13.

[3] Serge Joyal, "Refocusing Canada's International Cultural Policy in the Nineties: Issues and Solutions", Report to the Minister of Foreign Affairs, Ottawa, Sep., 1994. Cited in Evan H. Potter, "Branding Canada: Projecting Canada's Soft Power through Public Diplomacy", Montreal: McGill – Queen's University Press, 2009, p. 84.

[4] Evan H. Potter, "Branding Canada: Projecting Canada's Soft Power through Public Diplomacy", Montreal: McGill – Queen's University Press, 2009, p. 84.

| 第二章　发展期：圣劳伦特、迪芬贝克和皮尔逊政府时期（1948—1968年） | 55 |

于官方层面的相互理解，还取决于公众层面的相互理解。"① 梅西委员会的职责之一就是针对如何让国内外民众了解加拿大建言献策，其报告也强调了国际文化关系和联合国教科文组织的重要性，② 这表明艺术委员会须负责对外开展文化交流活动。

2. 建立与工作

1957年，圣劳伦特总理接受梅西委员会建议，联邦政府成立加拿大艺术委员会，并迅速给委员会拨款1亿加元。其中，5000万加元供加拿大艺术委员会进行投资并利用投资所得负担文化艺术活动所需经费，另外的5000万加元则供委员会资助大学、设置奖学金支持科学研究等。③ 加拿大艺术委员会的宗旨是"促进加拿大艺术研究和文化产品的创作，丰富加拿大人民的精神文明生活"④。然而，加拿大艺术委员会的工作并非局限于国内文化领域，而在某种程度上成为了加拿大向外投射其文化与价值观的窗口。总的来说，加拿大艺术委员会的对外影响主要体现在培养艺术人才、支持人文社科研究、举办文化交流活动以及设置对外机构——联合国教科文组织加拿大全国委员会——这四个方面。

首先，在艺术人才培养方面，加拿大艺术委员会为个体艺术家

---

① L. A. D. Stephens, "Study of Canadian Government Information Abroad 1942 – 1972: The Development of the Information Cultural and Academic Divisions and Their Policies", Ottawa: Department of External Affairs, 1977, Chap. 3, p. 13.

② Rachel Maxwell, "The Place of Arts and Culture in Canadian Foreign Policy", Ottawa: Canadian Conference of the Arts, 2007, p. 24, https://hillstrategies.com/2008/06/17/the-place-of-arts-and-culture-in-canadian-foreign-policy/.

③ Pre-Council Material file "Cultural Progress in Canada", Canada Council Records, Ottawa, Nov. 13, 1956. Cited in J. L. Granatstein, "Culture and Scholarship: The First Ten Years of the Canada Council", The Canadian Historical Review, Vol. 65, NO. 4, 1984, p. 444.

④ J. L. Granatstein, "Culture and Scholarship: The First Ten Years of the Canada Council", The Canadian Historical Review, Vol. 65, NO. 4, 1984, p. 445.

提供奖助学金、交通补助等资金支持，并鼓励艺术家们走出国门进行深造。加拿大艺术委员会调查了 455 位在 1958—1965 年间接受了委员会奖学金支持的年轻艺术家后发现，74% 的受资助者都有在外深造的经历，其中选择去法国的人最多。除此之外，加拿大艺术委员会还为需要出国进行试镜或表演的艺术家们提供旅费资助。例如，1970 年，委员会资助麦吉尔室内乐团 4700 加元支持他们前往纽约参加两次节日表演。同年，委员会还出资在爱丁堡国际艺术节举办了一场加拿大画展。① 通过加拿大艺术委员会的慷慨资助，加拿大艺术家们不仅有机会在国外接受艺术教育，提升自己的艺术事业，进而反哺加拿大艺术产业，更能够将加拿大艺术带给世界，提升加拿大的艺术影响力。

其次，在人文社科研究方面，加拿大艺术委员会着力培养科研人员，并大力支持国际会议、派遣和接纳访问学者等国际学术交流活动。加拿大艺术委员会专门为科研学者提供了博士学术奖金、博士后学术奖金、研究补助、出版补助等多项支持，并鼓励科研学者出国进修。据统计，1967—1968 年间，获得博士学术奖金的学者有三分之一都有在国外大学学习的经历。委员会还支持了"第一届比较犯罪学国际报告会""第十四届伊比利亚—美洲文学国际大会"等国际会议的举办，促进加拿大与其他国家的学术交流。并且，委员会还多次拨款给大学，支持其邀请海外教授来加拿大授课或做学术研究。委员会的一项调查显示，1958—1964 年间，在 800 名成功的博士后候选人中，大概有 80% 都有海外留学经历并最后选择回到加拿大。② 这表明，加拿大艺术委员会通过人才"走出去"与"引进来"的双向战略，一方面为加拿大人文社科研究注入了新鲜、优

---

① Ruth Lor Malloy, "The Canada Council and Its International Aspects", International Educational and Cultural Exchange, Vol. 6, NO. 2, 1970, p. 15.

② Ruth Lor Malloy, "The Canada Council and Its International Aspects", International Educational and Cultural Exchange, Vol. 6, NO. 2, 1970, pp. 15 - 16.

秀的血液，另一方面在国际上塑造了加拿大支持科研事业的进步形象。

再次，加拿大艺术委员会在发展本国文化艺术的同时，还倾力推动加拿大与欧美国家的文化艺术交流。加拿大艺术委员会代表外交部组织了加拿大与法国、比利时、意大利、荷兰和德国等多国的文化交流活动。在委员会的促成下，加拿大与意大利签署了文化交流协议，根据协议，两名加拿大杰出艺术家可以在政府资助下携家属前往意大利进行为期一年的交流访问。同时，委员会还资助加拿大文化机构邀请外国的杰出艺术家来加拿大访问交流。[1] 可以说，加拿大艺术委员会极大地促进了加拿大与外国的文化艺术交往，增强了加拿大文化的国际影响力。

最后，加拿大艺术委员会设立了处理加拿大文化机构与联合国教科文组织相关事务的专门机构，即联合国教科文组织加拿大全国委员会。由于大部分参与了梅西委员会的研究者都"曾有处理国际事务的经历，且或直接或间接的与联合国教科文组织有联系"，[2] 且在冷战压力下加拿大有必要和联合国保持紧密联系，梅西委员会所作的报告强调，政府有必要建立一个专门机构来"培育加拿大与外国的文化关系，承担起连接加拿大与联合国教科文组织的职责，建立并管理奖学金体系"。[3] 1957 年 6 月 14 日，"联合国教科文组织加拿大全国委员会"正式成立，受加拿大艺术委员会管辖。它将加拿大艺术委员会的职责拓展到了国际领域，负责"通过深化国家间

---

[1] Ruth Lor Malloy, "The Canada Council and Its International Aspects", International Educational and Cultural Exchange, Vol. 6, NO. 2, 1970, p. 16.

[2] Zoe Druik, "International Cultural Relations as a Factor in Postwar Canadian Cultural Policy: The Relevance of UNESCO for the Massey Commission", Canadian Journal of Communications, Vol. 31, 2006, p. 8.

[3] Zoe Druik, "International Cultural Relations as a Factor in Postwar Canadian Cultural Policy: The Relevance of UNESCO for the Massey Commission", Canadian Journal of Communications, Vol. 31, 2006, p. 8.

的合作，维护基于全人类智力和道德团结的世界和平"。① 它的工作主要是"调动政府部门、机构、组织和个人，以实现联合国教科文组织在教育、科学、文化、交流和信息等领域的目标"。② 为了实现这些目标，联合国教科文组织加拿大全国委员会积极组织并参与大众传媒、教育和环保等领域的国际会议，支持加拿大各领域组织与国际组织的合作。例如，委员会资助了世界手工艺理事大会和综合教学专家会议等国际会议。③ 1968 年，联合国教科文组织第一次组织了探讨可持续发展的会议，这促成了联合国教科文组织"人类与生物圈计划"的形成以及加拿大第一个生物圈保护区——圣伊莱尔山——的建立。④ 联合国教科文组织加拿大全国委员会的建立表明了加拿大在联合国框架下加强与其他国家的文化联系的决心，这有利于加拿大在文化领域参与国际事务，并向世界传播其国际主义的价值观。

3. 评价

加拿大艺术委员会作为一个致力于发展加拿大文化的官方机构，工作重心是支持国内的人文科学研究和文化艺术事业。委员会认识到了文化在国际关系中的关键作用，并通过组织文化艺术和学术交流活动、设置专门机构等方式将国际交流纳入了职责范围，实质上成为了加拿大第一个开展文化外交的公共机构。通过这些交流活动，加拿大不但拓宽了自身视野，推动了本国文化艺术和人文科学

---

① "Canadian Commission for UNESCO", Wikipedia, https：//en. wikipedia. org/wiki/Canadian_Commission_for_UNESCO.

② "Canadian Commission for UNESCO", Wikipedia, https：//en. wikipedia. org/wiki/Canadian_Commission_for_UNESCO.

③ Ruth Lor Malloy, "The Canada Council and Its International Aspects", International Educational and Cultural Exchange, Vol. 6, NO. 2, 1970, p. 18.

④ Ruth Lor Malloy, "The Canada Council and Its International Aspects", International Educational and Cultural Exchange, Vol. 6, NO. 2, 1970, p. 18.

的发展，而且践行了自由国际主义价值观，在世界范围尤其是欧美国家中推广了本国开放、进步的国家形象。另外，加拿大艺术委员会开展的一系列文化外交活动，虽然缺乏系统组织性，但代表着加拿大在文化外交领域的初步尝试，为加拿大之后在此领域的深入探索积累了经验。

（三）英联邦奖学金和研究金计划和加拿大法语国家奖学金项目

为了团结巩固新生的英联邦、在英联邦第三世界国家中宣传资本主义民主制度、遏制共产主义的扩张，并借此机会树立起加拿大亲善、有能力的国际形象，加拿大将目光锁定在教育领域，发起了"英联邦奖学金和研究金计划"，并在其中发挥了关键作用。由于加拿大国内法裔学生及研究者在该计划中的参与度较低，引起了魁北克省的不满，加拿大又顺势发起"加拿大法语国家奖学金项目"以支持欠发达法语国家的教育事业，并增强法语国家民众对加拿大联邦政府的认可度。

1. 英联邦奖学金和研究金计划

冷战背景下，新生的英联邦需要团结起英国的前殖民地、新兴的独立国家——尤其是印度——共同对抗共产主义。在20世纪50年代末，印度在成为独立国家后宣布在冷战中保持中立地位，这就给英联邦的团结埋下了阻碍，拉拢成员国共同抵御共产主义成为了英联邦在这个时期的主要挑战。而且，英联邦的成员国多为英国的前殖民地，政治背景和经济需求多元，在较多领域难以达成一致，但教育合作与交流是长期以来维系英联邦文化联系的重要纽带，因此，通过奖学金计划向英联邦第三世界国家宣传西方民主制度的优越性是冷战中的理想策略。

加拿大在战后施行自由国际主义外交，将英联邦视为展现自身参与国际事务的意愿与能力、提高自身国际地位的重要平台，因此，维护英联邦团结、积极参与英联邦事务也是为了树立其友好的国际主义形象，"保持加拿大在英联邦和国际中的影响力"。①

另外，加拿大的新任总理迪芬贝克对参与英联邦事务的热情也极大地推动了"英联邦奖学金和研究金计划"的诞生。巴兹尔·罗宾逊评价称："如果他在国际事务方面有计划，那么这个计划就在英联邦体系之中。"② 1957年，迪芬贝克刚上任不久，英联邦总理会议大获成功。时任英国驻渥太华高级专员、后来担任英联邦奖学金委员会主席的乔·加纳称，尽管"迪芬贝克的成功当选让人意外"，但迪芬贝克和其他国家的总理"迅速熟络"起来，且他们的交流"富有热情"。③迪芬贝克对"激发英联邦国家的合作潜力"具有很高的期望，因此，1958年，他又在蒙特利尔市举办了"英联邦贸易和经济会议"，加纳（非洲西部国家，现为英联邦成员国）和众多英国殖民地均受邀参加。④

这场会议上，迪芬贝克主要在经济和教育两个领域为英联邦国家合作提出了建议。20世纪50年代末，加拿大的经济有所发展，为了维持繁荣，迪芬贝克将目光投向了英联邦市场，因此，他在会

---

① Kylie Bergfalk, "Building Bridges: The Commonwealth Scholarship and Fellowship Plan in Canadian Foreign Policy, 1958 – 1960", St. Jerome's University, 2012, p. 4, https://www.sju.ca/sites/default/files/HEADLEY_2012_Kylie%20Bergfalk.pdf.

② H. Basil Robinson, "Diefenbaker's World: A Populist in Foreign Affairs", Toronto: University of Toronto Press, 1989, p. 4. Cited in Kylie Bergfalk, "Building Bridges: The Commonwealth Scholarship and Fellowship Plan in Canadian Foreign Policy, 1958 – 1960", St. Jerome's University, 2012, p. 7, https://www.sju.ca/sites/default/files/HEADLEY_2012_Kylie%20Bergfalk.pdf.

③ Hilary Perraton, "Learning Abroad: A History of the Commonwealth Scholarship and Fellowship Plan", Britain: Cambridge Scholars, 2015, p. 5.

④ Hilary Perraton, "Learning Abroad: A History of the Commonwealth Scholarship and Fellowship Plan", Britain: Cambridge Scholars, 2015, p. 5.

上提出了一系列经济提案。然而，由于成员国之间在经济利益上的分歧较大，迪芬贝克的经济提案遭到冷遇。迪芬贝克提出"英联邦奖学金和研究金计划"的设想则可能是考虑到了英联邦成员国对"罗德奖学金"的怀旧情绪。1902年开始由英国大亨资助的"罗德奖学金"资助了众多来自加拿大、澳大利亚、南非和新西兰的年轻人前往牛津大学学习，当时的加拿大反对党党魁莱斯特·皮尔逊就曾是这些青年学生中的一员。[①] 可以说，教育是连接英联邦国家的重要纽带之一。另外，加拿大大学的建议也是迪芬贝克的考量因素之一。[②] 最终，开展"英联邦奖学金和研究金计划"的提案得到了贸易部长们的支持。

1959年，第一次英联邦教育会议在英国牛津举办，会上正式通过了"英联邦奖学金和研究金计划"的提案，并明确了该计划的五项原则：（1）该计划应区别于实施中的其他计划；（2）该计划应基于所有英联邦国家的互相合作和教育经验的共享；（3）该计划应足够灵活，将各国多元、多变的需求纳入考量；（4）该计划在英联邦范围内，但为保证灵活性，应在国家之间签订的双边协议的基础上施行；（5）奖金应当用来认可和促进最高水平的智力成就。[③]

当时定下的目标是设置1000个奖学金，英国负责资助一半，加拿大负责资助四分之一，剩下的由澳大利亚、印度、巴基斯坦、新西兰、马来西亚、加纳、中非共和国、锡兰和东非资助。[④] 奖金分

[①] Kylie Bergfalk, "Building Bridges: The Commonwealth Scholarship and Fellowship Plan in Canadian Foreign Policy, 1958 – 1960", St. Jerome's University, 2012, p. 8, https://www.sju.ca/sites/default/files/HEADLEY_2012_Kylie%20Bergfalk.pdf.

[②] Evan H. Potter, "Branding Canada: Projecting Canada's Soft Power through Public Diplomacy", Montreal: McGill – Queen's University Press, 2009, p. 139.

[③] Hilary Perraton, "Learning Abroad: A History of the Commonwealth Scholarship and Fellowship Plan", Britain: Cambridge Scholars, 2015, p. 10.

[④] Hilary Perraton, "Learning Abroad: A History of the Commonwealth Scholarship and Fellowship Plan", Britain: Cambridge Scholars, 2015, p. 9.

为奖学金和研究金两种。自从该计划执行以来，已经有超过22000名学生和个人学者受惠，其中每年最多有500人接受奖学金和研究金的资助。①

作为英联邦奖学金计划最早的倡导国，加拿大在其中做出了巨大贡献。在计划展开的第一个十年期间，加拿大设立了近100个奖学金。1964年，加拿大开始设立学术奖金（一开始包括3个研究学术奖金和5个访问学术奖金），资助对象是"大学、学院、中小学和职业机构等多个教育领域的杰出人才"。1965年开始，加拿大又设立了一系列研究奖学金项目，参加项目的研究学者有一个学年时间展开"有益于加拿大和推荐国"的研究或教学工作。② 目前，英国和加拿大仍是该奖学金计划的最大资金来源国。

"英联邦奖学金和研究金计划"通过教育资源的流动与共享，为各个国家培养出许多优异人才，促进了英联邦国家之间的交流与理解，强化了它们之间的文化纽带，使得英联邦成为一个更加团结开放的多边组织。很多在20世纪六七十年代曾受该计划资助前往英联邦发展中国家学习的发达国家的学者在外交、发展和学术领域都保留了强烈的国际主义倾向。③ 欠发达国家的学生和研究者有了更多分享发达国家教育资源、"享受民主制度和资本主义的丰硕成果"

---

① "Commonwealth Scholarship and Fellowship Plan", in "Directory of Commonwealth Scholars and Fellows 1960 – 2002", London: Association of commonwealth Universities, 2003, p. vii. Cited in Evan H. Potter, "Branding Canada: Projecting Canada's Soft Power through Public Diplomacy", Montreal: McGill – Queen's University Press, 2009, p. 140.

② Hilary Perraton, "Learning Abroad: A History of the Commonwealth Scholarship and Fellowship Plan", Britain: Cambridge Scholars, 2015, pp. 11 – 15.

③ "Directory of Commonwealth Scholars and Fellows 1959 – 2009", http://citeseerx. ist. psu. edu/viewdoc/download; jsessionid = 5A51BF830C44EEC26B6E521ECA7A238F? doi = 10. 1. 1. 695. 8078&rep = rep1&type = pdf.

的机会,客观上有利于团结盟国遏制共产主义。[1] 加拿大在英联邦奖学金计划中的积极倡议与参与为自身赢得了良好的声誉,巩固了加拿大在英联邦中仅次于英国的重要地位。作为奖学金计划中的第二大资助国,加拿大收获了一大批了解、欣赏加拿大的学者。另外,在奖学金计划的帮助下,英国和加拿大的教育交流频繁,两国建立起更深厚的文化关系。[2]

2. 加拿大法语国家奖学金项目

英联邦奖学金计划中英语学生和法语学生的数量极度不平衡。1960 年,104 位获得奖学金资助的学生中,仅有 7 位法语学生进入法语大学学习,[3] 这引起了魁北克省的不满。魁北克省认为联邦政府将教育纳入外交领域是对魁北克省自主权以及加拿大国内法语文化的威胁。[4] 20 世纪 50 年代,魁北克省与法国的艺术、教育交流活动十分频繁,魁北克省与法国建立了相对独立的文化联系,因此联邦政府与魁北克省在文化外交(尤其是教育领域的文化外交)上形成了竞争,加拿大政府开始考虑将奖学金计划扩展至法语国家,以提高法语国家民众对加拿大联邦政府的认可度。

---

[1] Hilary Perraton, "Learning Abroad: A History of the Commonwealth Scholarship and Fellowship Plan", Britain: Cambridge Scholars, 2015, p. 27.

[2] L. A. D. Stephens, "Study of Canadian Government Information Abroad 1942 – 1972: The Development of the Information Cultural and Academic Divisions and Their Policies", Ottawa: Department of External Affairs, 1977, Chap. 8, p. 7.

[3] Canada, House of Commons Debates, 1960 Session, Vol. VI, July 14, 1960, p. 6295. Cited in Kylie Bergfalk, "Building Bridges: The Commonwealth Scholarship and Fellowship Plan in Canadian Foreign Policy, 1958 – 1960", St. Jerome's University, 2012, p. 11, https://www.sju.ca/sites/default/files/HEADLEY_2012_Kylie%20Bergfalk.pdf.

[4] David Meren, "'Plus que jamais necessaires': Cultural Relations, Nationalism and the State in the Canada – Quebec – France Triangle, 1945 – 1960", Journal of the Canadian Historical Association, Vol. 19, NO. 1, 2008, p. 284.

为了在英联邦和法语国家之间达成一种文化关系上的"平衡",加拿大政府决定通过"加拿大法语国家奖学金项目"与法语国家建立稳固的文化关系。① 1964 年,加拿大与法国就开展"加拿大法语国家奖学金项目"达成共识,② 奖学金计划正式开展,加拿大拨款 20 万加元设立奖学金项目。③ 考虑到英联邦奖学金计划主要面向的是欠发达国家,法语国家奖学金项目的主要目标是为来自欠发达法语国家的优秀学生提供奖学金,资助他们前来加拿大大学学习专业知识、享受加拿大的教育资源,以此来强化加拿大和这些国家的纽带。④

"加拿大法语国家奖学金项目"未能有效化解魁北克地区的不满情绪,1964 年,在联邦政府广泛征求各省对于该项目的意见时,魁北克省反应冷淡。⑤ 然而,许多受惠于该项目的法语国家学生成长为了各领域的杰出领导人,这有利于增强法语国家对加拿大的了解,提高加拿大的声望。一位加拿大外交部的高级官员曾在与埃文·波特的秘密谈话中称,加拿大因此"保持了其在法语国家中的

---

① L. A. D. Stephens, "Study of Canadian Government Information Abroad 1942 – 1972: The Development of the Information Cultural and Academic Divisions and Their Policies", Ottawa: Department of External Affairs, 1977, Chap. 8, p. 10.

② L. A. D. Stephens, "Study of Canadian Government Information Abroad 1942 – 1972: The Development of the Information Cultural and Academic Divisions and Their Policies", Ottawa: Department of External Affairs, 1977, Chap. 8, p. 13.

③ L. A. D. Stephens, "Study of Canadian Government Information Abroad 1942 – 1972: The Development of the Information Cultural and Academic Divisions and Their Policies", Ottawa: Department of External Affairs, 1977, Chap. 8, p. 12.

④ Evan H. Potter, "Branding Canada: Projecting Canada's Soft Power through Public Diplomacy", Montreal: McGill – Queen's University Press, 2009, p. 140.

⑤ L. A. D. Stephens, "Study of Canadian Government Information Abroad 1942 – 1972: The Development of the Information Cultural and Academic Divisions and Their Policies", Ottawa: Department of External Affairs, 1977, Chap. 8, p. 14.

领导地位"。①

（四）《加拿大—法国文化交流框架协定》

1. 背景与目标

在加拿大联邦政府对外展开文化交流活动的同时，魁北克省因联邦政府管辖下的文化机构对本省文化事务的干涉感到不满，且开始以独立的姿态与外国交往，这给联邦政府带来很大压力。20世纪60年代的"寂静革命"之后，魁北克省从经济、政治到文化都经历了巨大的蜕变，民族主义情绪悄然滋生。魁北克民族主义与联邦主义的矛盾本质上是法语文化与英语文化的矛盾。"寂静革命"之后，魁北克地区在经济上实现自给自足，捍卫法语文化、防止被英语文化同化的心愿愈发强烈，魁北克省以"做自己家的主人"为口号宣示法裔居民的独立自主。一方面，魁北克省反对联邦政府干预地方文化事务，领导魁北克政府的毛利斯·杜普莱西斯就曾批评梅西委员会关于联邦政府资助文化发展的主张是对地方政府文化管辖权的侵犯。②另一方面，魁北克省尝试绕过联邦政府与其他国家（尤其是法语国家）进行文化交往。

魁北克省在文化外交领域初露头角，加拿大联邦政府感到有必要加强由联邦政府主导的加拿大与法语国家的文化交流，但这些应对措施收效甚微。外交部副部长马塞尔·卡迪厄在1961年的一份

---

① Evan H. Potter, confidential interview with a senior DFAIT official, July 2006. Cited in Evan H. Potter, "Branding Canada: Projecting Canada's Soft Power through Public Diplomacy", Montreal: McGill – Queen's University Press, 2009, p. 140.

② J. D. M. Stewart and Helmut Kallmann, "Massey Commission", The Canadian Encyclopedia, 2006, https://www.thecanadianencyclopedia.ca/en/article/massey-commission-emc.

外交部备忘录中建议加拿大驻法国文化参赞雷内·加纳在法国组织文化活动以应对"来自魁北克代表的竞争",并建议联邦机构为加纳提供一切所需的支持。[1] 例如,魁北克省努力与法国建立技术和文化合作关系的行动让联邦政府感到了竞争压力。于是在1963年,联邦政府与法国、比利时和瑞士开展了自己的学术和文化合作项目。[2] 加拿大联邦政府还在国内提出"二元文化主义",并在公共外交领域加快发展与法语国家的文化关系,试图在英联邦国家和法语国家之间达到平衡。但是,这些联邦政府领导的文化外交项目并未得到魁北克的热情支持。例如,1964年,作为对英联邦奖学金计划的平衡手段,加拿大计划向非洲地区的法语欠发达国家提供奖学金(即"加拿大法语国家奖学金项目"),负责此计划的加拿大艺术委员会派人赴各省征求意见,但他们在魁北克省遭到冷遇。[3]

另外,加拿大联邦政府与法语国家开展的文化活动并未能阻止魁北克省相对独立地与法语国家进行文化交流,联邦政府在法语国家中的显示度仍相对较低。一个典型的例子是魁北克省和法国教育文化协定的签署。1965年2月27日,法国与魁北克省在巴黎正式签署《法国—魁北克省教育交流合作协议》。该协议涵盖研究学者、大学教授的交换计划,魁北克师范学校师资培训、课程开发、技术教育,魁北克技术师范学校学生交换计划和学位统一等多个方面的

---

[1] L. A. D. Stephens, "Study of Canadian Government Information Abroad 1942 – 1972: The Development of the Information Cultural and Academic Divisions and Their Policies", Ottawa: Department of External Affairs, 1977, Chap. 8, p. 6.

[2] Mary Halloran, "Cultural Diplomacy in the Trudeau Era: 1968 – 1984", DFAIT, 1996, p. 3. Cited in Rachel Maxwell, "The Place of Arts and Culture in Canadian Foreign Policy", Ottawa: Canadian Conference of the Arts, 2007, p. 24, https://hillstrategies.com/2008/06/17/the-place-of-arts-and-culture-in-canadian-foreign-policy/.

[3] L. A. D. Stephens, "Study of Canadian Government Information Abroad 1942 – 1972: The Development of the Information Cultural and Academic Divisions and Their Policies", Ottawa: Department of External Affairs, 1977, Chap. 8, p. 14.

合作。为了保证协议落地，法国与魁北克省还决定在"法国—魁北克合作常设委员会"的框架下定期举行会议。① 协议签署当天，法国驻加拿大使馆代办曾写信向加拿大外交部部长保罗·马丁询问法国与魁北克省签署的协议是否已征得他的同意，马丁回信表示加拿大政府同意该协议的签署，② 但这份协议不可避免地在加拿大政府与议会中引起轩然大波。反对党党魁在众议院中就省政府是否可以不经联邦政府首肯而与外国政府签订协议提出质疑。③

为了提高加拿大联邦政府在法语国家中的显示度，明确联邦政府的合法地位，加拿大提出与法语国家签订文化交流框架协议。加拿大外交部在1965年4月27日向内阁提交的一份备忘录中指出，魁北克省与法语国家强化文化联系的需求需要得到重视，如果联邦政府不能及时做出调整，"随着时间推移，联邦政府在国际上的合法地位会逐渐被侵蚀"。④ 为了解决这个困境，外交部建议通过签署涵盖性协议在"保障联邦政府缔约权的同时允许省政府与外国开展合法有益的文化项目"，⑤ 且加拿大应扩展其文化外交活动。1965年5月11日，内阁开会讨论并细化了外交部的提案，提出"加拿

---

① Gerald F. FitzGerald, "Educational and Cultural Agreements and Ententes: France, Canada, and Quebec – Birth of a New Treaty – Making Technique for Federal States?", The American Journal of International Law, Vol. 60, NO. 3, 1966, pp. 530 – 531.

② Gerald F. FitzGerald, "Educational and Cultural Agreements and Ententes: France, Canada, and Quebec – Birth of a New Treaty – Making Technique for Federal States?", The American Journal of International Law, Vol. 60, NO. 3, 1966, p. 531.

③ Gerald F. FitzGerald, "Educational and Cultural Agreements and Ententes: France, Canada, and Quebec – Birth of a New Treaty – Making Technique for Federal States?", The American Journal of International Law, Vol. 60, NO. 3, 1966, p. 531.

④ L. A. D. Stephens, "Study of Canadian Government Information Abroad 1942 – 1972: The Development of the Information Cultural and Academic Divisions and Their Policies", Ottawa: Department of External Affairs, 1977, Chap. 8, p. 16.

⑤ L. A. D. Stephens, "Study of Canadian Government Information Abroad 1942 – 1972: The Development of the Information Cultural and Academic Divisions and Their Policies", Ottawa: Department of External Affairs, 1977, Chap. 8, p. 16.

大政府也应与其他国家（尤其是加拿大人口的重要来源国）签订文化交流协议"，且"应保证每年至少拨款100万加元用于支持文化交流项目的广泛开展"。①

2. 过程

1965年11月17日，加拿大联邦政府和法国政府正式签署《法国—加拿大文化交流框架协定》。这份协定由前言、11个条款和两封加拿大和法国外交部长的往来函组成，为加拿大与法国之间开展文化合作交流活动提供了一个可执行的框架。在往来函中，加拿大外交部部长强调加拿大各省与法国签订文化协议时须明确表明一切活动在此协议框架下进行，且法国政府有义务告知加拿大政府，法国外交部部长对此表示同意。②

加拿大与法国签署框架协定仅仅一周后，魁北克省与法国政府再次签署了一份文化合作协议。按照框架协定，魁北克省与法国的文化交流活动必须在加拿大联邦政府与法国政府签订的协议的框架之下进行。微妙的是，这份新的法国—魁北克文化合作协议仅仅肯定了法国与魁北克省于1965年2月27日签订的教育交流合作协议的示范作用，丝毫未提及加拿大联邦政府与法国签订的框架协定。③而加拿大政府与法国政府的往来函显示，11月24日，在与魁北克省达成文化协议之前，法国政府主动向加拿大联邦政府寻求许可，

---

① L. A. D. Stephens, "Study of Canadian Government Information Abroad 1942 – 1972: The Development of the Information Cultural and Academic Divisions and Their Policies", Ottawa: Department of External Affairs, 1977, Chap. 8, p. 17.

② "Cultural Agreement between the Government of Canada and the Government of the French Republic", Global Affairs Canada, https: //www. treaty – accord. gc. ca/text – texte. aspx? id = 100736.

③ Gerald F. FitzGerald, "Educational and Cultural Agreements and Ententes: France, Canada, and Quebec – Birth of a New Treaty – Making Technique for Federal States?", The American Journal of International Law, Vol. 60, NO. 3, 1966, p. 533.

且加拿大联邦政府表示同意。① 另外，魁北克省与法国签署的两份协议都只有法语文本。②

之后，加拿大政府又与比利时及瑞典展开协商，并与两国签订了文化交流双边协议。同年，加拿大对法国、瑞士和比利时的文化交流项目投资从 25 万加元猛增至 100 万加元，这样大数目的文化项目投资在当时的加拿大是十分罕见的。③

1966 年 2 月 23 日，作为对 1965 年 5 月内阁提出的"与其他国家（尤其是加拿大人口的重要来源国）签订文化交流协议"的建议的回应，外交部在备忘录中提出要"与意大利、苏联、德国和荷兰建立文化关系"，内阁随后同意与意大利、德国和荷兰协商文化合作协议，但表示与苏联的文化交流提案需要进一步审查。④

3. 评价

面对魁北克省日渐高涨的民族主义诉求以及其"独立"地对外开展文化交流活动的愿望，加拿大意识到，为了明确联邦政府的合法地位，有必要通过文化交流来提高法语国家民众对联邦政府的认可度，遂与法国签订了《加拿大—法国文化交流框架协定》，并与其他法语国家和主要移民来源国建立了文化合作关系。加拿大联邦政府由此在文化外交领域迈出了重要一步。从不久后魁北克省与法

---

① Gerald F. FitzGerald, "Educational and Cultural Agreements and Ententes: France, Canada, and Quebec – Birth of a New Treaty – Making Technique for Federal States?", The American Journal of International Law, Vol. 60, NO. 3, 1966, p. 534.

② Gerald F. FitzGerald, "Educational and Cultural Agreements and Ententes: France, Canada, and Quebec – Birth of a New Treaty – Making Technique for Federal States?", The American Journal of International Law, Vol. 60, NO. 3, 1966, p. 534.

③ Evan H. Potter, "Branding Canada: Projecting Canada's Soft Power through Public Diplomacy", Montreal: McGill – Queen's University Press, 2009, p. 86.

④ L. A. D. Stephens, "Study of Canadian Government Information Abroad 1942 – 1972: The Development of the Information Cultural and Academic Divisions and Their Policies", Ottawa: Department of External Affairs, 1977, Chap. 8, p. 16.

国签署的文化合作协议中丝毫未提及框架协议来看,《加拿大—法国文化交流框架协定》在统一加拿大国内民族身份认同方面似乎收效甚微,但它有利于提高加拿大联邦政府在法语国家民众间的显示度,彰显其合法地位。

(五) 文化事务司和针对公共外交的审查

加拿大艺术委员会并没有解决各个机构缺乏领导的现状,加拿大的文化外交活动仍旧处于一种松散、无系统的状态。由于加拿大与外国进行文化交流的需求扩大,加拿大迫切地需要一个可以集中领导文化外交事务的机构。文化事务司因此诞生。随着国内民众对公共外交的关注度提高,民众对加拿大对外宣传之匮乏的批评也愈发激烈,因此,政府开展了一次详细的针对公共外交的审查。

1. 文化事务司

自1951年梅西委员会阐明了文化在国际关系中的重要性之后,加拿大政府在20世纪50年代至60年代早期开展了许多文化交流活动,国家电影局、加拿大广播公司以及加拿大政府展览委员会等机构在这个时期也非常活跃,[1]但这些活动和机构缺乏集中的领导组织,经常会出现工作范围的争议。例如,联邦政府在20世纪60年代为了应对与魁北克省在文化外交方面的激烈竞争,以及在外交领域贯彻自己的二元文化主义价值观,急需与法语国家建立稳固的文化关系。外交部部长保罗·马丁提出通过开展法语国家奖学金项目和加强与法语国家的艺术交流来加强加拿大与法语国家的文化交往,他主张将全部工作交给加拿大艺术委员会,但财政部部长却认

---

[1] Evan H. Potter, "Branding Canada: Projecting Canada's Soft Power through Public Diplomacy", Montreal: McGill – Queen's University Press, 2009, p. 85.

为艺术委员会应该负责艺术交流工作。由于实施法语国家奖学金项目意在与英联邦奖学金计划形成平衡,那么理应由管理英联邦奖学金计划的对外援助办公室负责法语国家奖学金项目的工作。[1] 由于缺乏统一的指导纲领,这些文化外交活动缺乏衔接和组织。有人评价称这个时期的文化外交活动往往是"随机、临时安排的,常常是由于相关长官或高级官员施压才开展,外交部安排谁去做谁就有权管理"。[2]

1962年11月,加拿大外交部副部长马塞尔·卡迪厄在第十六届加拿大对外新闻信息年度会议上的讲话触及了"协调管理所有与对外文化活动有关的联邦机构"这个问题。[3] 他认为,"对外新闻和文化工作不是个别专家的事,而是我们所有官员的职责",因此对外新闻事务司应该设置更多职位、得到更多财政支持。[4] 但遗憾的是,他的呼吁得到的反响甚微。[5] 1964年,卡迪厄又尝试起草了一份跨部门合作的方案,在这份方案中,他提议建立一个跨部门委员会来协调各方工作,但在四处碰壁之后,他不得不承认"几乎没有线索可以将

---

[1] L. A. D. Stephens, "Study of Canadian Government Information Abroad 1942 – 1972: The Development of the Information Cultural and Academic Divisions and Their Policies", Ottawa: Department of External Affairs, 1977, Chap. 8, pp. 9 – 12.

[2] L. A. D. Stephens, "Study of Canadian Government Information Abroad 1942 – 1972: The Development of the Information Cultural and Academic Divisions and Their Policies", Ottawa: Department of External Affairs, 1977, Chap. 7, p. 50.

[3] Evan H. Potter, "Branding Canada: Projecting Canada's Soft Power through Public Diplomacy", Montreal: McGill – Queen's University Press, 2009, p. 85.

[4] L. A. D. Stephens, "Study of Canadian Government Information Abroad 1942 – 1972: The Development of the Information Cultural and Academic Divisions and Their Policies", Ottawa: Department of External Affairs, 1977, Chap. 7, p. 23.

[5] Evan H. Potter, "Branding Canada: Projecting Canada's Soft Power through Public Diplomacy", Montreal: McGill – Queen's University Press, 2009, p. 86.

不同部门和机构开展的项目串联起来"。①

1965年,正当加拿大联邦政府与法语国家和几个移民主要来源国协商签订文化交流协议时,国务秘书处——一个职责较为模糊的部门——开始积极寻求成为加拿大的文化部,这给了加拿大政府成立文化外交领导机构的契机。1965年11月4日,副国务秘书建议卡迪厄考虑"通过国务秘书处来实现外交部以及多个向国务秘书处负责的机构在对外活动方面的协调统一"。② 卡迪厄的回信显示,他对协调对外文化活动的想法非常认同,但没有对国务秘书处的权力要求做过多回应。加拿大外交部内部备忘录中记录道,他们在考虑建立一个"由来自国务秘书处、外交部和艺术委员会的代表组成的工作委员会"。③

1966年,加拿大外交部在对外新闻事务司的基础上设立文化事务司,自此,对外新闻事务司仅负责一般的新闻工作,而文化事务司专职负责文化外交事务。外交部做出这个决定可能是基于两方面的考量:(1)加拿大艺术、教育领域的组织急需一个可以满足它们需求的外交部内部的专门机构;(2)为了应对魁北克省出于主权目的进行的对外文化交往活动,外交部需要成立一个更能专心负责文化外交事务的部门。④

---

① L. A. D. Stephens, "Study of Canadian Government Information Abroad 1942 – 1972: The Development of the Information Cultural and Academic Divisions and Their Policies", Ottawa: Department of External Affairs, 1977, Chap. 7, p. 43.

② L. A. D. Stephens, "Study of Canadian Government Information Abroad 1942 – 1972: The Development of the Information Cultural and Academic Divisions and Their Policies", Ottawa: Department of External Affairs, 1977, Chap. 8, p. 21.

③ L. A. D. Stephens, "Study of Canadian Government Information Abroad 1942 – 1972: The Development of the Information Cultural and Academic Divisions and Their Policies", Ottawa: Department of External Affairs, 1977, Chap. 8, p. 24.

④ L. A. D. Stephens, "Study of Canadian Government Information Abroad 1942 – 1972: The Development of the Information Cultural and Academic Divisions and Their Policies", Ottawa: Department of External Affairs, 1977, Chap. 8, p. 26.

文化事务司的成立标志着外交部第一次将文化外交工作与对外新闻工作区分开来,① 这是加拿大文化外交史上的关键一步,用历史学家玛丽·奥尔兰的话说,"渥太华开始步入国际文化关系"。②

2. 针对公共外交的审查

与此同时,随着加拿大文化外交的发展,许多加拿大人将目光投向了国外以及国际事务,并发现了加拿大政府对外宣传工作的匮乏,批评的声浪接踵而至。③ 于是,1966年,联邦政府针对公共外交工作进行了一次审查,这次审查主要针对公共外交工作的目的、实践及需求,可谓是"无比详细、空前绝后"。④

这份审查报告从追溯加拿大公共外交的历史开始阐述公共外交的目标。它点明,从第二次世界大战开始,外交部和其他机构就致力于让世界了解加拿大、加拿大人以及他们的生活和向往。经过理性的审查,这部分报告还指出,公共外交工作"必须以支持和促进加拿大的国家利益为目的"。因此,公共外交的最终目的和对外政策目的相一致,即"保证国家安全,尽可能促进国家繁荣,履行有利于满足加拿大自身利益或实现加拿大人民人道主义愿景的国际义务"。报告还强调了现代社会中公共外交的重要性。它指出,"在通

---

① Evan H. Potter, "Branding Canada: Projecting Canada's Soft Power through Public Diplomacy", Montreal: McGill–Queen's University Press, 2009, p. 87.

② Mary Halloran, "Cultural Diplomacy in the Trudeau Era: 1968–1984", DFAIT, 1996, p. 4. Cited in Evan H. Potter, "Branding Canada: Projecting Canada's Soft Power through Public Diplomacy", Montreal: McGill–Queen's University Press, 2009, p. 87.

③ L. A. D. Stephens, "Study of Canadian Government Information Abroad 1942–1972: The Development of the Information Cultural and Academic Divisions and Their Policies", Ottawa: Department of External Affairs, 1977, Chap. 9, p. 2.

④ L. A. D. Stephens, "Study of Canadian Government Information Abroad 1942–1972: The Development of the Information Cultural and Academic Divisions and Their Policies", Ottawa: Department of External Affairs, 1977, Chap. 9, p. 11.

信迅速、公民文化素养上升、教育大众化的现代社会"，依靠政府间外交来宣传加拿大是不够的。要让国外民众了解加拿大、相信加拿大是一个"正当的、可尊敬的对话者"，必须重视公共外交。①

这次针对公共外交的审查明确地指出了在国际社会中宣传加拿大的形象和价值观的目标及意义，这说明加拿大对公共外交的自觉性有了显著提高，公共外交在联邦层面开始得到足够重视。不仅如此，这次审查对于皮埃尔·特鲁多时期加拿大公共外交的发展也有着非常重要的影响。②

三、总结与评价

在1948—1968年这20年间，在实施自由国际主义外交、遏制共产主义以及维护国家主权完整这三个目标的驱动下，加拿大的公共外交得到进一步发展。"科伦坡计划"不仅使加拿大在冷战中发挥了协助盟国抵制共产主义的重要作用，而且在实施过程中宣传了加拿大友好、慷慨、进步的良好形象，同时宣告了加拿大以政府开发援助为手段实施公共外交的开始。加拿大艺术委员会的成立初衷是发展本国文化，但通过建立下属机构"联合国教科文组织加拿大全国委员会"以及开展一系列对外文化交流活动及资助活动，艺术委员会不仅丰富了本国文化，而且将加拿大文化推向了世界，践行了自由国际主义价值观。从1958年开始，加拿大通过参与"英联邦奖学金与研究金计划"巩固了英联邦团结，稳固了本国在英联邦

---

① L. A. D. Stephens, "Study of Canadian Government Information Abroad 1942 – 1972: The Development of the Information Cultural and Academic Divisions and Their Policies", Ottawa: Department of External Affairs, 1977, Chap. 9, pp. 12 – 15.

② L. A. D. Stephens, "Study of Canadian Government Information Abroad 1942 – 1972: The Development of the Information Cultural and Academic Divisions and Their Policies", Ottawa: Department of External Affairs, 1977, Chap. 9, p. 12.

中的重要地位，也通过教育交流活动加强了其他国家的学者、各个领域的领袖对加拿大的了解。随后，为了在文化外交领域践行二元文化主义价值观，加拿大政府主动发起"加拿大法语国家奖学金项目"，这使得加拿大成为了法语世界中的领袖，但未能阻止魁北克省与法语国家相对独立地开展对外文化交往。1965年，加拿大联邦政府与法国签订了文化交流框架协定，以应对魁北克省对加拿大联邦政府管辖权的挑战，随后联邦政府又与其他法语国家及主要移民来源国签订了文化交流协议。不久之后，加拿大政府开始着重解决文化外交活动分散、缺乏组织的问题。1966年，对外新闻事务处将新闻信息工作与文化工作区分开来，专门负责协调文化外交事务的机构——文化事务司——成立。随着政府开展的公共外交活动增多，许多加拿大国内民众开始关注加拿大的对外宣传，针对对外宣传工作匮乏的批评声促使政府在1966年对公共外交工作进行了一次详细审查，明确了公共外交的目标及重要性。

总之，这20年对于加拿大公共外交的发展来说是探索、反思、展望的一个阶段。首先，政府建立了协调文化外交事务的专门机构，文化外交在联邦层面得到重视，加拿大开始正式迈入国际文化关系领域；其次，政府开发援助开始成为加拿大公共外交的重要部分，公共外交的实践得到丰富；最后，政府对于公共外交的认识及重视显著提高，这对于公共外交的后续发展影响深远。

第三章 关键期：皮埃尔·特鲁多政府时期
（1968—1979年、1980—1984年）

在前几任政府初步探索公共外交路径后，加拿大的公共外交实践在皮埃尔·特鲁多时期（又称"老特鲁多"）进入关键期。在特鲁多长达16年的执政生涯中，他几乎全面改革了加拿大的外交政策，但公共外交作为发展外交关系的重要手段得到保留。特鲁多敏锐地意识到国内外局势中的挑战与机遇：魁北克省的民族主义情绪高涨，给加拿大维护国家统一的努力带来了威胁；世界格局变化，加拿大有望降低美国对其的影响；两极局势缓和，加拿大获得促进世界和平的机会。在此背景下，特鲁多政府积极地投入到文化推广、教育合作和体育交流等方面，吸引海外民众对加拿大的兴趣，培养人们对加拿大的好感。特鲁多首先发表了《加拿大人的外交政策》白皮书，为在欧洲、太平洋和拉丁美洲等主要地区开展公共外交提供针对性的指导。为宣传双语制和多元文化，加拿大在法国开设了第一个加拿大文化中心，既为加拿大的艺术家创造展现才华的平台，又向法国和世界其他国家强调加拿大的统一。特鲁多也十分重视学术交流，他通过中加学者交换项目与建交不久的中国开展教育合作，将加拿大的对外交往延伸到"第三种选择"国家，同时也培养了对加友好人才。此外，特鲁多将体育和外交联系在一起，开创性地对苏联开展了"冰球外交"，通过包含八场比赛的"冰球峰会"不仅极大地提升了加拿大在苏联的存在感，而且推动了东西方局势的进一步缓和。总而言之，面对国内外的压力与机会，特鲁多政府继续运用公共外交手段，致力于促进民族团结、扩展外交关系和推动世界和平。

一、背景与目标

20世纪七八十年代,加拿大国内的魁北克分离运动方兴未艾,维护国家统一成为联邦政府执政的重中之重。同时,全球体系开始分散,美国相对实力下降,加拿大赢得自主实践外交政策的机会。此时美苏对抗从最激烈走向缓和,加拿大有望继续发挥"和平的中间人"的作用。因此,特鲁多政府在公共外交方面共有三个目标:树立统一的文化身份,促进国家统一;发展多样化联系,降低美国的影响;塑造友好的斡旋形象,推动世界和平。

(一)树立统一的文化身份,促进国家统一

法裔加拿大社会在20世纪五六十年代旗帜鲜明地追求独立,这一倾向延续到了特鲁多时期。在国内政治方面,魁北克人党于1976年赢得省级选举,提出在政治上独立、经济上合作的"主权—结合"主张。① 尽管1980年魁北克独立公投以多数反对失败,魁北克分离运动并未就此消亡。在对外交往方面,魁北克省继续以文化交流为工具与其他国家发展关系。比如,魁北克省与中国在1980年签署了教育交流协议,互换学生与语言教师。② 同时,法国表现出了帮助魁北克"独立"的野心。1967年,法国总统戴高乐在蒙特利尔向加拿大人喊出了"自由魁北克万岁"口号,引起了在场群众

---

① 梅红:《加拿大魁北克独立问题的由来、现状与发展前景》,《国际资料信息》2000年第10期,第20页。

② 王仲达主编:《加拿大教育动态与研究:1996—1998》,教育科学出版社1999年版,第139页。

的欢呼。① 尽管在时任司法部长的特鲁多的坚持下，联邦政府强硬地对此表示谴责，但戴高乐的这一举动不仅激化了联邦政府和魁北克省之间的矛盾，也引发了加拿大与法国之间的外交危机。因此，维护国家统一成为特鲁多执政时期压倒一切的优先事项。

特鲁多将维护国家统一视为生存之战，这一目标也被贯彻到政策的方方面面。在加拿大国内，他一方面对制造炸弹袭击、绑架英国政要的激进组织"魁北克解放阵线"重拳出击，另一方面采取多种措施保证法裔加拿大人和英裔加拿大人的平等。1969年推出的《官方语言法》和1971年的多元主义文化政策便是对魁北克省文化诉求的积极回应，也是瓦解魁北克分离运动的有益尝试。在国际舞台上，特鲁多坚信外交政策是国内政策的延伸，维护国家统一成为外交政策的目标之一。他继续注重与法语国家民众的交往，提出在法语国家增设代表处和大幅增加援助份额以改善双边关系和促进民族团结。② 特鲁多还致力于推动加拿大成为联合国框架内的双语国家。由此可见，特鲁多以双语制和多元文化为突破口来对抗魁北克省的分离倾向。

为达成维护国家统一的外交目标，特鲁多主动地通过公共外交塑造加拿大统一的文化身份。面对魁北克分离运动和法国干涉加拿大国内矛盾的威胁，特鲁多意识到，一个统一的加拿大身份至关重要。加拿大承认双语制和多元文化是其基本特征，并将这一特征置于统一的文化身份之下，从而既向国际社会表明了加拿大对国内少数族裔和语言的尊重与重视，体现加拿大的包容，又强化了联邦政府的权威，向法语国家证明了一个统一的加拿大更利于法裔加拿大人生存。而在对外交往中体现加拿大的统一身份反过来也能促进国

---

① John J. Kirton, "Canadian Foreign Policy in a Changing World", Toronto: Nelson Thomson Learning, 2007, p. 125.

② Department of External Affairs, "Canada and the World", May 29, 1968, p. 6, https：//gac. canadiana. ca/view/ooe. sas_19680529ES/6？r=0&s=1.

内团结,增强民族凝聚力。

因此,加拿大在对外交往中强调在国外民众心中刻画统一的文化身份,突出双语制和多元文化,且尤其注重与法语国家加深联系。

(二)发展多样化联系,降低美国的影响

世界逐渐从二战的打击中恢复,旧的世界强国回归,新的政治力量涌现。一方面,西欧和日本重新进入世界的博弈舞台。西欧和日本在二战后初期都依赖于美国的援助,其外交政策受制于美国。而后西欧通过经济一体化获得经济腾飞,日本也取得经济的飞速发展,二者在外交政策上体现出更多的自主倾向。[①] 另一方面,第三世界国家发展成为不可忽视的重要力量。第三世界国家通过反帝反殖斗争赢得民族独立,成为充满经济机遇的"新世界"。他们要求建立新的国际政治经济秩序,独立自主地开展对外活动。因此,世界舞台再度充满活力,且大多数国家都开始追求独立自主。

这些国家的想法与特鲁多领导下的加拿大不谋而合。特鲁多准确地判断了国际局势的变化,他希望借此摆脱美国对加拿大多方面的过度影响,走加拿大自己的路。于是,一方面加拿大公开地与美国对弈,强硬地维护自身利益与价值观。比如,1970年4月,为了保护北极西北航道的生态环境,加拿大单方面宣布新的国际法律,即《北极水域污染防治法》,这项举措一定程度上限制了美国的海运。[②] 另一方面,加拿大寻求"第三种选择",与其他国家发展多样化联系。特鲁多认为加拿大不再是"主要国家",应该着眼于自身

[①] 叶润青等主编:《当代世界政治经济与国际关系》,广西人民出版社1989年版,第33页。

[②] John J. Kirton, "Canadian Foreign Policy in a Changing World", Toronto: Nelson Thomson Learning, 2007, p. 132.

发展。他在 1970 年提出的外交政策六大重点之一便是经济发展，而加拿大对外贸易的潜在伙伴是广大的发展中国家和重新崛起的西欧与日本。① 由此可见，新的世界局势为加拿大创造了实践独立自主的广阔舞台。

为减少对美国的依赖，特鲁多致力于运用公共外交来深化与其他国家的关系。在特鲁多的构想中，加拿大不应该只发展以英国和美国为重点的外交，而是进行囊括欧洲、太平洋地区、拉丁美洲和联合国在内的全面外交。② 在某些地区，人们对加拿大和加拿大人的生活尚未完全了解，更谈不上把加拿大当作重要的政治经济伙伴。因此，联邦政府有责任向海外民众展现加拿大的立体形象，提高他们对加拿大的兴趣，增进对加拿大的了解，从而为发展和维系政治经济等关系铺路。而此前迪芬贝克和皮尔逊时期对英联邦和法语国家开展的教育援助和文化外交等公共外交活动已被证明是有效的途径。

（三）塑造友好的斡旋形象，推动世界和平

两极格局出现缓和迹象，东西方阵营开始初步交流。美国在越南战争中的失利和本国的经济危机使其开始遏制全球扩张战略。在外交方面，尼克松上台后推行均势政策，一方面主张与社会主义国家对话与接触，于 1972 年相继访问中国和苏联；另一方面寻求与盟友建立平等的伙伴关系。③ 在军事方面，美苏主动限制自身的核

---

① J. L. Granatstein, "Canadian Foreign Policy: Historical Readings", Toronto: Copp Clark Pitman, 1993, p. 294；刘广太：《加拿大对外关系的转折点——特鲁多外交政策初探》，《河北师院学报（社会科学版）》1997 年第 2 期，第 69 页。

② Department of External Affairs, "Canada and the World", May 29, 1968, https://gac.canadiana.ca/view/ooe.sas_19680529ES/1? r=0&s=1.

③ 徐蓝：《从两极格局到多极化趋势的发展——20 世纪 70—90 年代冷战态势的演变》，《浙江学刊》2005 年第 2 期，第 78 页。

军备，分别于1972年和1979年签订《限制反弹道导弹系统条约》和《第二阶段限制进攻性战略武器条约》。此外，联邦德国也与民主德国实现了外交关系正常化。由此可见，尽管东西方阵营还处于对抗时期，但是两方也有缓和局势的姿态和举措。

国际局势的相对缓和为特鲁多政府促进世界和平创造了契机和舞台。世界和平与加拿大的自身安全息息相关。特鲁多认为，对和平的最大威胁不再是来自苏联或共产主义的军事力量，而是第三世界国家的穷困和日益扩大的贫富差距。① 同时，他也不甘沦为美国的附庸，主张推出加拿大自己的外交政策。因此，尽管特鲁多否定皮尔逊的国际主义，但他仍然保留加拿大"在世界冲突中"斡旋的作用。② 特鲁多早在中美关系正常化之前，率先与中国建交，还创造性地在台湾问题上使用"注意到"的措辞，为其他国家与中国建交创建先例。加拿大与苏联也签订了一系列协议。此外，加拿大还与古巴保持着外交关系，特鲁多访问古巴时甚至喊出"加古友谊万岁"的口号。③

为与社会主义国家深化联系，特鲁多力图通过公共外交来培养民众的善意。东西方阵营间有意识形态的隔阂，且两个阵营间的冲突依然存在，因此低政治领域的交流相对来说敏感度低、较为安全。两个阵营的民众由于长期对抗，虽然对彼此抱有一定的兴趣，但缺乏深入的了解，寻找二者的共同点便成为突破口之一。比如，加苏两国人民都热爱冰球运动，电视的发展又使得千家万户都能观

---

① "From Swinger to Statesman—Canada Comes of Age in the Time of Pierre Elliott Trudeau", Policy Options, Jun. 1st, 2003, https://policyoptions.irpp.org/magazines/the-best-pms-in-the-past-50-years/from-swinger-to-statesman-canada-comes-of-age-in-the-time-of-pierre-elliott-trudeau/.

② 刘广太：《加拿大对外关系的转折点——特鲁多外交政策初探》，《河北师院学报（社会科学版）》1997年第2期，第67页。

③ 胡其柱：《走进加拿大的经济世界》，山东大学出版社2019年版，第254页。

看体育比赛,特鲁多政府通过"冰球外交"成功地接触到了苏联民众,既增强了加拿大在苏联的存在感,又为推动双方和平发挥了重要作用。

因此,加拿大在这一时期积极地发展与社会主义国家的关系,通过文化、体育和娱乐等领域的交流加强两大阵营的纽带,同时促进国际和平。

二、决策与实践

为了树立统一的文化身份、发展多样化的联系和塑造友善的和平形象这三个目标,特鲁多政府延续着在公共外交方面的实践。加拿大明确地在外交政策白皮书中提出加强文化交流的目标,在世界各地设立专门的文化中心,并通过教育合作与体育交流将自己推向世界。

(一)《加拿大人的外交政策》白皮书

20世纪六七十年代的国外形势推动加拿大重新思考其国际角色。一方面,旧帝国和新国家在国际舞台上轮番登场。经过近20年的战后重建,遭受重创的西欧和日本逐渐恢复了元气,不仅在经济上迅速发展,在政治上也趋向独立自主。与此同时,一大批第三世界国家在反帝反殖的斗争中成长起来,为国际社会注入旗帜鲜明的政治力量。这些国家的地位上升削弱了加拿大在北约和联合国的相对政治影响力。[①] 另一方面,美苏对抗的两极格局逐渐走向缓和,

---

[①] Denis Stairs, "Pierre Trudeau and the Politics of the Canadian Foreign Policy Review", Australian Outlook, Vol. 26, NO. 3, 1972, p. 276.

第三章 关键期：皮埃尔·特鲁多政府时期（1968—1979 年、1980—1984 年）

东西方阵营内部均出现分化。在格局的变动中，美国受到了崛起国家的挑战，实力有所下降，而 1969 年上任的尼克松也在新时期调整了外交政策，推出尼克松主义。① 被美国全方位影响、被迫对美国马首是瞻的加拿大在此时获得了减少美国控制、与其他国家构建良好关系的大好时机。因此，加拿大重新调整外交政策，减少军事支出，扩展经济和文化关系。

与此同时，国内情势要求加拿大树立新的国际形象。一方面，加拿大国内对现行的外交政策表示不满。学者和政治家围绕四个主张——独立于美国、减少对北约的贡献、接触"第三世界"和自由化"平静外交"——批评现状，要求加拿大变革外交政策。② 另一方面，经历过"寂静革命"的魁北克省不仅在政治上对联邦政府造成威胁，而且在文化上挑战联邦政府的威望。其认为作为"一个文化群体的政治工具"应自然而然地追求发展以文化为焦点的国际关系。③ 为应对魁北克在国际交往中突出独特身份的行为，前任总理皮尔逊在 1966 年设立了文化事务司，但这只是初步尝试。由此可见，新一届政府需要追求自身的独立与统一，而文化关系是争夺的重点领域之一。

特鲁多的自身因素也是外交政策变革的重要因素。一方面，特鲁多敏锐地意识到国际环境的深刻变化应促使加拿大随之调整。在新环境中，他不仅质疑加拿大是否需要保持在北约内的军事贡献，也怀疑作为皮尔逊外交政策特征的加拿大"有益的调停者"这一国

---

① 畅征：《美国独霸全球的 20 年》，中国经济出版社 2012 年版，第 73 页。

② Denis Stairs, "Pierre Trudeau and the Politics of the Canadian Foreign Policy Review", Australian Outlook, Vol. 26, NO. 3, 1972, p. 280.

③ Simon L. Mark, "Rethinking Cultural Diplomacy: The Cultural Diplomacy of New Zealand, the Canadian Federation and Quebec", Political Science, Vol. 62, NO. 1, 2010, p. 70.

际角色的适用性。① 另一方面，特鲁多反对魁北克独立，希望将魁北克省纳入统一的国家身份。他成长于魁北克省一个法裔加拿大家庭，自幼便受双语文化的熏陶，致力于推行双语制。在特鲁多看来，加拿大可以通过它的双语制和多元文化特色而与众不同，既转变加拿大人对本国的看法，也转变加拿大向世界展示的形象。② 因此，特鲁多的外交思想与前任不同，而文化是他处理内政外交的突破口之一。

在上述背景下，直接促成外交政策全面审查的是特鲁多执政不久发表的《加拿大和世界》的演讲。他在演讲中说，在这个富裕和多彩的国家，加拿大的政治、经济和文化演变催生了特殊的技能、经验和机会，而如今加拿大和世界发生了诸多变化，加拿大人必须决定是否以及如何尽可能地在国外利用好这些优势。③ 为更有效地服务于加拿大当时的利益与目标，特鲁多谈到要用务实的方法维持与美国的信任和尊重，加强与欧洲、拉美国家等的联系。他特别强调，加拿大的首要利益是确保其作为联邦双语主权国家的政治生存，这意味着在外交关系中尽可能忠实地反映加拿大的文化多样性和双语制，如与法语国家发展密切关系。④

在长达25个月的外交政策审查中，学者、商人、政界人士和政府各部门的官员踊跃参与了这场大论战。审查分为两个阶段：首

---

① Mary Halloran, John Hilliker, and Greg Donaghy, "The White Paper Impulse: Reviewing Foreign Policy under Trudeau and Clark", International Journal, Vol. 70, NO. 2, 2015, p. 310.

② "From Swinger to Statesman—Canada Comes of Age in the Time of Pierre Elliott Trudeau", Policy Options, Jun. 1st, 2003, https://policyoptions.irpp.org/magazines/the-best-pms-in-the-past-50-years/from-swinger-to-statesman-canada-comes-of-age-in-the-time-of-pierre-elliott-trudeau/.

③ Department of External Affairs, "Canada and the World", May 29, 1968, p. 2, https://gac.canadiana.ca/view/ooe.sas_19680529ES/2?r=0&s=1.

④ Department of External Affairs, "Canada and the World", May 29, 1968, p. 6, https://gac.canadiana.ca/view/ooe.sas_19680529ES/6?r=0&s=1.

先，在国防部的领导下探索加拿大在北约的未来，即是否削减驻欧部队和减少承担义务；其次，在外交部的领导下审查在其他领域被确定为优先事项的政策，即欧洲、太平洋、拉丁美洲、国际发展和联合国。其中，信息工作也在外交政策的范围内得到了表现机会。信息和文化事务司的代表参加了欧洲、拉丁美洲和远东地区的政策审查，这些部门的建议最终也反映在《加拿大人的外交政策》白皮书中。[1]

基于外交政策审查和特鲁多的外交思想，1970年特鲁多政府发表了《加拿大人的外交政策》作为第一份规划外交政策的白皮书，在大规模改革皮尔逊时代自由国际主义外交政策的同时，强调对外文化活动的重要性。这份白皮书由一份纲领性的总文件和五份分别具体阐述加拿大与欧洲、国际发展、拉丁美洲、太平洋地区和联合国关系的子文件组成。总文件指出，外交政策是政府在国际环境中对本国目标和利益逐步界定与追求的产物，也是国内政策在国外的延伸。[2] 特鲁多相信，在国际舞台上的成功表现将反过来对国家团结和国内政策产生积极影响。[3] 该文件明确加拿大面临两大不可避免的现实，其一是在国内需要维护国家统一，其二是在国际上需要与美国截然不同但又和谐相处。因此，总文件强调加拿大的三个基本国家目标，即独立与统一、日益扩大的繁荣和具有价值的人类贡献，以及六大政策主题，即促进经济发展、保障主权与独立、寻求

---

[1] L. A. D. Stephens, "Study of Canadian Government Information Abroad 1942 – 1972: The Development of the Information Cultural and Academic Divisions and Their Policies", Ottawa: Ottawa: Department of External Affairs, 1977, Chap. 14, p. 29.

[2] Department of External Affairs, "Foreign Policy for Canadians", Jun., 1970, Vol. I, p. 9, https://gac.canadiana.ca/view/ooe.b1603784E/15? r = 0& s = 1.

[3] Barbora Polachová and Magdalena Fitová, "Canadian Identity: Issues of Cultural Diplomacy (1993 – 2012)", TransCanadiana, Vol. 7, 2015, p. 85.

和平与安全、促进社会公平、提高生活质量和确保和谐的自然环境。① 在六大主题中，公共外交作为前几任总理发展的外交工具得到保留并时有提及。对外文化关系被认为既是突出加拿大多样性形象特色的重要手段，也是抵消魁北克分裂主义吸引力的有效方式。比如，该文件指出，加拿大应该寻求保持其独特身份，包括语言、文化、习俗和制度的特殊性，同时在与法语国家的交往中要充分体现双语制以及加拿大的技术和文化成就。② 此外，新的政策方针也意味着外交部的改组，外交部需要创新结构与管理以配合加拿大在海外追求本国利益。

在总文件的指导下，白皮书针对性地根据特定地区说明了公共外交的侧重点和开展方式。首先，特鲁多政府认识到，信息和文化关系是加拿大外交政策中的关键因素，而欧洲是加强这些关系的主要支柱。③ 白皮书在子文件"加拿大与欧洲"中专门开辟了"文化、交流及其他交往"的小节详尽论述如何发展与欧洲的文化关系。第一，该文件认为加拿大有充分的理由与西欧发展文化关系。一方面，法裔加拿大社会在过去的十年迅速复兴，白皮书承认，"对于加拿大来说，这意味着漫长的艰难调整时期，加拿大在这一时期终于接受了其基本的双语特征"。④ 为了加强国家团结和在外交政策中

---

① Department of External Affairs, "Foreign Policy for Canadians", Jun., 1970, Vol. I, p. 10, 14, https：//gac.canadiana.ca/view/ooe.b1603784E/16? r = 0&s = 1.

② Department of External Affairs, "Foreign Policy for Canadians", Jun., 1970, Vol. I, p. 33, 39, https：//gac.canadiana.ca/view/ooe.b1603784E/39? r = 0&s = 1.

③ Department of External Affairs, "Foreign Policy for Canadians", Jun., 1970, Volume on Europe, p. 28, https：//gac.canadiana.ca/view/ooe.b1603784E/77? r = 0&s = 1.

④ Department of External Affairs, "Foreign Policy for Canadians", Jun., 1970, Volume on Europe, p. 14, https：//gac.canadiana.ca/view/ooe.b1603784E/63? r = 0&s = 1.

第三章 关键期：皮埃尔·特鲁多政府时期（1968—1979年、1980—1984年）

反映加拿大的双语性质，加拿大必须高度重视与法语国家的项目，而法国与魁北克省的紧密关系应该在加拿大的国家框架内发展，皮尔逊时代签署的《加拿大—法国文化交流框架协定》便是有益的尝试。另一方面，西欧与加拿大一样受制于美国，加拿大应该寻求与西欧建立多样化的联系以在北大西洋共同体内创建一种更健康的平衡，并强化加拿大的独立。① 因此，在与法国的文化交流之外，加拿大应该与英国、比利时、联邦德国和意大利等逐步加深文化接触。第二，加深西欧人民对加拿大人及其生活方式的了解十分重要。该文件指出，政府有义务向有影响力的人展现加拿大的清晰图景，如邀请意见领袖——编辑、作家和学者等——访问加拿大，从而利用这些传播者向西欧读者与听众提供第一手报道。同时，特鲁多政府也计划扩大传统的加拿大国际广播电台在西欧的服务范围。第三，在冷战相对缓和的时期，加拿大也寻求与苏联以及其他东欧国家建立更好的关系。尽管加拿大在与这些国家的交往中处于不利地位，但是文化关系是与社会主义国家接触的最有希望的领域之一。② 特鲁多政府考虑与苏联签署相关协议，并将在西欧进行的加拿大交流与展览扩展到东欧。

其次，加拿大和拉丁美洲国家都意识到彼此是西半球和世界的重要力量，进一步发展双方关系利于提高各自的生活质量。加拿大已经在拉丁美洲开展了一些公共外交项目，比如加拿大的绘画和雕塑会定期在世界三大艺术展之一的巴西圣保罗双年展上展出，国家电影局在南美设有办事处，加拿大驻拉丁美洲大使馆也会安排来自国家电影局的影片放映，仅1969年就安排了5万多场，观众总数超

---

① Department of External Affairs, "Foreign Policy for Canadians", Jun., 1970, Volume on Europe, p. 14, https：//gac. canadiana. ca/view/ooe. b1603784E/63？r=0&s=1.

② Department of External Affairs, "Foreign Policy for Canadians", Jun., 1970, Volume on Europe, p. 29, https：//gac. canadiana. ca/view/ooe. b1603784E/78？r=0&s=1.

过700万人次。① 然而，这些活动的规模和形式还远远不够。因此，子文件"加拿大与拉丁美洲"在"系统性加强联系"章节中也论及了公共外交的未来政策。一方面，该文件强调要鼓励和支持双方的文化和科技往来。在学术交流方面，特鲁多政府将促进大学层面的往来；在艺术交流方面，政府将举办更多关于加拿大文化的展览；在电影和电视方面，政府则鼓励共同制作。此外，加拿大有很大可能支持美洲国家组织设立的教育、科学和文化特别基金来促进双方在这一领域的交流。② 另一方面，该文件认为应增进双方人民对各自生活和价值观的了解。未来的信息项目将在关于加拿大的一般信息和特定项目的信息之间取得平衡，特鲁多政府将设立几个区域信息中心以用作文化活动中心。同时，在电影发行中将更加强调西班牙语和葡萄牙语的版本，在出版物中强调使用西班牙语和葡萄牙语编写以引起拉丁美洲读者的兴趣。③

最后，太平洋地区具有广泛的发展潜力，加拿大谋求与其共同发展。子文件"加拿大与太平洋地区"指出，太平洋地区的关键是在四大国家——美国、中国、苏联和日本——之间寻求一种力量平衡，而加拿大在此地区并不是主要力量。尽管如此，加拿大在太平洋地区有利可图：这一地区的经济发展未来将非常强劲，加拿大有望提高贸易额；加拿大的法语优势有助于与东南亚大约4500万人

---

① Department of External Affairs, "Foreign Policy for Canadians", Jun., 1970, Volume on Latin America, p. 9, 11, https：//gac. canadiana. ca/view/ooe. b1603784E/111？r＝0&s＝1.

② Department of External Affairs, "Foreign Policy for Canadians", Jun., 1970, Volume on Latin America, p. 10, https：//gac. canadiana. ca/view/ooe. b1603784E/112？r＝0&s＝1.

③ Department of External Affairs, "Foreign Policy for Canadians", Jun., 1970, Volume on Latin America, pp. 27－28, https：//gac. canadiana. ca/view/ooe. b1603784E/129？r＝0&s＝1.

口建立联系，同时也能通过体现双语制来促进本国民族团结。① 因此，加拿大有必要利用其法语优势扩大在太平洋地区的存在感。一方面，特鲁多政府将继续对该地区进行包括文化项目在内的援助。加拿大曾成功地通过"科伦坡计划"输出了本国的产品和价值观，未来也将继续支持以法语国家为重点的教育与培训。另一方面，为促进加拿大与太平洋地区国家间的贸易和相互理解，特鲁多政府将积极投射加拿大的相关信息，包括加拿大文化、技术和工业成就以及官方政策。政府将探讨与日本、澳大利亚和新西兰就教育交换项目进行谈判的可能性，并考虑建立太平洋奖学金和研究金以资助学生在加拿大攻读研究生。② 此外，政府将促进加拿大信息部与加拿大广播公司以及国家电影局的合作，并进一步支持个人或团体在音乐、舞蹈和戏剧领域的艺术交流。③

总而言之，20世纪60年代末至70年代初，国际局势有所缓和，新的政治力量崛起，加拿大面临与美国特殊关系的终结和国内魁北克省的分离倾向。新上任的特鲁多总理相信外交政策是国内政策的延伸，他希望为加拿大塑造一种独特的身份来增进国内团结和减少对美国的依赖。因此，他将文化关系视为外交活动的重要手段，努力体现加拿大的双语制和多元文化。《加拿大人的外交政策》这份政府文件详尽论述了加拿大在下一阶段如何与欧洲、拉丁美洲和太平洋地区发展文化关系，明确了特鲁多时期公共外交的重要地位，也为这一时期公共外交的发展指明了方向。加拿大对外文化关

---

① Department of External Affairs, "Foreign Policy for Canadians", Jun. 1970, Volume on Pacific, p. 12, https：//gac.canadiana.ca/view/ooe.b1603784E/144？r=0&s=1.

② Department of External Affairs, "Foreign Policy for Canadians", Jun. 1970, Volume on Pacific, p. 23, https：//gac.canadiana.ca/view/ooe.b1603784E/155？r=0&s=1.

③ Department of External Affairs, "Foreign Policy for Canadians", Jun. 1970, Volume on Pacific, p. 22, https：//gac.canadiana.ca/view/ooe.b1603784E/154？r=0&s=1.

系的出发点也从被动地回应魁北克省政府转向在海外塑造加拿大的立体形象。

（二）加拿大文化中心

特鲁多将对外发展文化关系置于外交政策的特殊位置。新上任的特鲁多政府面临着对外处理加拿大与美国关系和对内处理联邦政府与魁北克省政府关系的双重难题，而以文化为主要形式的交往是减轻压力的一种手段。在特鲁多看来，文化不仅能提高加拿大人的生活质量，还能清楚地反映加拿大的双语制和多元文化特征。① 在皮尔逊时期，加拿大与非洲、亚洲和加勒比海地区的法语国家增加了文化联系，而在特鲁多进行外交政策审查的过程中，他逐步确定了加拿大在欧洲的主要盟友（法国、英国和意大利等）作为该时期文化外交的主要对象。由此可见，在皮尔逊的基础上，特鲁多寻求与更多国家开展多样化的文化交往。

在这些国家中，法国无疑是联邦政府与魁北克省政府在文化外交方面争夺的重要阵地。20世纪60年代早期，魁北克省向法国寻求援助以促进教育系统现代化并保护语言与文化，而当时的迪芬贝克政府尚未意识到魁北克在国际舞台上的举动会对加拿大的国家统一构成威胁。② 与此同时，魁北克在法国表现活跃，与法国谈判关于文化、教育、技术合作和青年交流等领域的协定。皮尔逊政府上台后意识到需要弥补过去的不作为，他与法国签订了《加拿大—法国文化交流框架协定》，并于1966年成立外交部下属的文化事务司来应对魁北克省民族主义。因此，为了维护联邦政府的权威、阻止

---

① Department of External Affairs, "Foreign Policy for Canadians", Jun., 1970, Vol. I, p. 16, https://gac.canadiana.ca/view/ooe.b1603784E/22? r=0&s=1.

② Eldon Black, "Direct intervention: Canada – France Relations, 1967 – 1974", Ottawa: Carleton University Press, 1996, pp. 5 – 6.

第三章 关键期：皮埃尔·特鲁多政府时期（1968—1979年、1980—1984年）

魁北克成为特殊存在，加拿大需要与法国建立更密切的联系、增强加拿大作为整体的存在感，特鲁多政府接过了这一重任，在巴黎成立了第一个加拿大文化中心。

在法国成立加拿大文化中心的想法早有雏形。早在1964年，时任驻巴黎大使儒勒·莱热在给外交部副部长的一封短信中提出了这个想法，他希望通过展现加拿大文化的多样性来强化加拿大与法国之间的友谊纽带。[1] 第二年，加拿大和法国签署了第一份推动文化、科学、技术和艺术交流的文化协议，其中提到要促进两国文化研究所或文化中心之间更紧密的联系，该项目被提上日程。在法国总统戴高乐于1967年访问加拿大时，两国讨论了创建文化中心的事宜。[2]

20世纪60年代末期，在巴黎建立文化中心成为紧迫的新需求。随着联邦政府和魁北克省政府在法国开展的文化交流项目取得有效成果，加法关系在几年间日益紧密，加拿大在法国的存在从未如此引人注目。此时，大使馆的有限空间不足以承载丰富多样的文化活动和服务，要想利用有利的形势加快交流步伐，必须开拓额外的空间。[3] 除了承接大使馆的部分服务，该文化中心另有两个目标：一是为在巴黎的加拿大学生、老师和艺术家提供相应的帮助和信息；二是通过展览、电影和音乐等活动向法国人推广加拿大文化，展现

---

[1] "About", Canadian Cultural Centre Paris, https：//canada‑culture.org/en/a‑propos/.

[2] Jean‑Michel. Larcroix, "Canadian Studies in France", in Stephen Brooks ed., "Promoting Canadian Studies Abroad： Soft Power and Cultural Diplomacy", Switzerland：Springer, 2019, p.110.

[3] Ambassade du Canada (Paris), "Centre Culturel Canadian/Canadian Cultural Centre：25 Ans D'activite 1970–1995", Jan., 1997, p.23, https：//gac.canadiana.ca/view/ooe.b3083962/24？r=0&s=1.

包括魁北克省在内的更广泛的加拿大形象。① 因此，大使馆开始寻找合适的建筑，并进入行政程序以获得购买授权。同时，由于外交部从未有过在海外建立文化中心的经验，且联邦政府一开始没有为大使馆提供足够的专业协助，文化中心的筹建持续了三年。

1970年4月，加拿大文化中心在巴黎由外交部部长米切尔·夏普正式宣告成立。这一时机是经过精挑细选的。当时，法国对于联邦政府和魁北克省政府的政策模棱两可，联邦政府需要与法国建立高级别的对话机制，并推动两国关系正常化。② 基于此目标的初步尝试便是夏普访问巴黎，为位于康斯坦丁街5号的加拿大文化中心揭幕，并与法国外交部部长莫里斯·舒曼进行讨论。大约有800位嘉宾出席了开幕仪式，其中包括魁北克驻巴黎代表、两国文化界的代表和新闻界人士。负责人居伊·维奥表示，加拿大在海外的第一个文化中心设在巴黎的举动表明加拿大重视两国的文化联系。而法国总统蓬皮杜的发言人利奥·哈蒙在仪式上强调："法语文化与英语文化的并置与重叠，赋予了加拿大独有的特色……这个国家只有通过保持其多样性才能保持对自身的忠诚。"③

加拿大文化中心很快便大获成功，成为加法交往中必不可少的环节。这座建筑经历了彻底的修复与翻新，在1968—1969年便收藏了大约1万本书、1万张唱片和700张乐谱，并围绕音乐会、文学沙龙、电影放映、艺术展览和讲座会议等活动配备了必要的技术

---

① Ambassade du Canada (Paris), "Centre Culturel Canadian/Canadian Cultural Centre: 25 Ans D'activite 1970 – 1995", Jan., 1997, p. 19, https://gac.canadiana.ca/view/ooe.b3083962/20? r=0&s=1.

② Eldon Black, "Direct intervention: Canada – France relations, 1967 – 1974", Ottawa: Carleton University Press, 1996, p. 143.

③ Eldon Black, "Direct intervention: Canada – France relations, 1967 – 1974", Ottawa: Carleton University Press, 1996, p. 146.

设备。① 它还为在法国的加拿大学生、艺术家和学者，以及对加拿大感兴趣的法国公民提供接待和引导服务。仅在1972年该中心便接待了3.3万名参观者，1974年则超过4万人。② 该中心代表全加拿大展现该国文化的多样性、加强该国在法国的存在感，其主要活动包含艺术展览、表演艺术、影视放映和讲座会议四个方面。

首先，在艺术展览方面，加拿大文化中心全年安排展览，其中包括绘画、雕塑、服装、邮票和专业期刊等。该中心将魁北克省的艺术作为进入法国社会的敲门砖。1970年10月，该中心举办了第一次艺术展览，展出魁北克著名抽象表现主义画家费尔南德·勒杜克的画作。加拿大国家美术馆为此挑选了16幅该画家在1968年创作的作品，这次展览成为这些作品的首秀。③ 而在1978年1月，欧洲首次关于安大略省生活和艺术的展览在该中心举行，旨在向法国人展现该省的文化多样性与艺术活力。这一为期四周的展览以"安大略，我爱你"为口号，它的21个模块为21位艺术家提供了通过符号、日常物品和录音采访来描绘自己的机会。④ 此外，该中心还展出了加拿大一些富有前途的年轻艺术家的作品，为青年人创造展示才华的平台。

---

① Ambassade du Canada (Paris), "Centre Culturel Canadian/Canadian Cultural Centre: 25 Ans D'activite 1970 – 1995", Jan., 1997, p. 24, https://gac. canadiana. ca/view/ooe. b3083962/25? r=0&s=1.

② Department of External Affairs, "Annual Review 1972", Nov., 1973, p. 62, https://gac. canadiana. ca/view/ooe. b3489747E_001/71? r=0&s=1.; Department of External Affairs, "Annual Review 1974", Aug., 1975, p. 83, https://gac. canadiana. ca/view/ooe. b3489747E_003/85? r=0&s=1.

③ Ambassade du Canada (Paris), "Centre Culturel Canadian/Canadian Cultural Centre: 25 Ans D'activite 1970 – 1995", Jan., 1997, p. 24, https://gac. canadiana. ca/view/ooe. b3083962/25? r=0&s=1.

④ Leo Ryan, "Canadian Cultural Centre pushes Ontario artists message to Paris: Vive l'Ontario Libre", The Globe and Mail, Jan. 25, 1978, https://global. factiva. com/ha/default. aspx#. /!? &_suid=163318140433001092678561 6807355.

其次，在表演艺术方面，加拿大文化中心致力于推广加拿大的音乐、戏剧、诗歌和哑剧等。音乐一直是文化中心活动的重要组成部分，1970年10月文化中心便开始组织音乐活动。在众多的活动中，主题为"加拿大之声"的当代加拿大作品推广活动尤为特殊。1977年11月，在外交部的推动下，巴黎和伦敦的加拿大文化中心与加拿大委员会、加拿大音乐中心以及加拿大广播公司合作，分别在巴黎和伦敦举办为期一周的大型音乐活动。① 该活动邀请80多位杰出的音乐家演奏32位当代加拿大作曲家的作品，旨在为加拿大代表性的音乐作品创造直接接触音乐评论家、音乐会代理商和制作人的机会。大部分音乐会由法国广播电台或英国广播公司分别向两国在全国范围内播放，使得听众数量大幅增加。②

再次，在影视放映方面，加拿大文化中心与国家电影局驻巴黎办事处以及加拿大广播电台等合作，定期投放各式电影与纪录片，丰富加拿大在法国的形象。该中心几乎每周都会进行放映，有时是单部作品，有时是特定主题下的多部作品。为了增进法国人对加拿大作为整体国家的了解，放映作品中有很大一部分为介绍加拿大的生活。比如，1982年6月21日至7月31日，该中心举办了旅游系列的影片和纪录片放映，包括地理、历史、动植物和运动休闲等主题。③ 同时，加拿大文化中心力图展现加拿大在动画电影制作方面的优势，它在成立初期便组织了"动画片周末"，而后定期回顾动画电影系列。1983年，为配合加拿大国家电影局的动画电影主题展

---

① Department of External Affairs, "Canada's International Cultural Relations", Mar., 1979, p. 28, https: //gac. canadiana. ca/view/ooe. b1834046E/34？r = 0& s = 1.

② Department of External Affairs, "Annual Review 1977", 1978, p. 99, https: //gac. canadiana. ca/view/ooe. b3489747E_006/104？r = 0&s = 1.

③ Ambassade du Canada (Paris), "Centre Culturel Canadian/Canadian Cultural Centre：25 Ans D'activite 1970 – 1995", Jan., 1997, pp. 137 – 138, https: //gac. canadiana. ca/view/ooe. b3083962/138？r = 0&s = 1.

览，该中心自6月17日至9月18日每天不仅邀请电影制作人现场演示，而且开放视频库来提供250部影片的点播观看。① 此外，该中心也致力于促进双边交流，几乎每次在法加协会开会前夕，该中心都会进行放映。

最后，加拿大文化中心也是各类研讨会和新书发布会的举办场所。该中心重视双语文化的宣传，不仅邀请加拿大和欧洲的专家参加"捍卫加拿大的双语"研讨会，而且为有意访问加拿大英语地区的法国人设计了英语会话课程。同时，文学也是该中心吸引法国人兴趣的主题之一。比如，自1974年10月至1975年4月，该中心举行了四场文学会议，每场专门讨论两位作家或诗人，一位来自法国，一位来自魁北克。② 此外，为进一步深化两国关系，该中心一方面组织回顾19世纪的两国关系和探讨当前的经济、文化关系，另一方面推动两国对话。1979年3月，加拿大文化中心和法国广播电台下属的法国文化频道合作，推出11期法加对话节目，内容囊括大学教育、多元文化主义和政治制度等，从多种角度研究两国异同，增进对彼此的了解。③

总的来说，通过集中全面地展示加拿大的文化和艺术，加拿大文化中心成功地塑造了多元开放的国家形象。尽管加拿大驻巴黎大使馆和魁北克代表之间的合作并不总是彼倡此和，但巴黎的加拿大文化中心一直得到联邦政府和魁北克政府的全力支持，在文化宣传

---

① Ambassade du Canada (Paris), "Centre Culturel Canadian/Canadian Cultural Centre: 25 Ans D'activite 1970 – 1995", Jan., 1997, p. 145, https://gac.canadiana.ca/view/ooe.b3083962/146?r=0&s=1.

② Ambassade du Canada (Paris), "Centre Culturel Canadian/Canadian Cultural Centre: 25 Ans D'activite 1970 – 1995", Jan., 1997, p. 171, https://gac.canadiana.ca/view/ooe.b3083962/172?r=0&s=1.

③ Ambassade du Canada (Paris), "Centre Culturel Canadian/Canadian Cultural Centre: 25 Ans D'activite 1970 – 1995", Jan., 1997, pp. 178 – 179, https://gac.canadiana.ca/view/ooe.b3083962/179?r=0&s=1.

时对英语文化和法语文化视同一律,因而被视为"加拿大团结的象征"。① 基于巴黎的加拿大文化中心的成功经验,类似的文化中心在伦敦、纽约和布鲁塞尔等地相继开设。加拿大在世界各地建立了属于自己的文化地标,既为本国的艺术家和学者创造了对外交流的平台,将富有活力的加拿大文化直接推向世界,又向对加拿大感兴趣的外国人打开了获取资讯的窗口,间接地推动了加拿大的旅游与贸易。

(三)中加学者交换项目

特鲁多政府在另一份外交政策声明中重申文化关系的重要性,并提出"第三种选择"策略。尽管加美的特殊关系是加拿大无法回避的现实,《加拿大人的外交政策》白皮书并没有包含探讨这一问题的子文件。1971年,特鲁多启动了由外交部牵头的评估任务,在"特殊关系"似乎终结的背景下探索新的对美方针,并于1972年出台了由外交部长米切尔·夏普撰写的《加拿大—美国关系:未来的选择》文件。② 该文件搁置了保持现状和加强融合的第一、第二选择,提倡减少对美依赖、与他国建立多样化联系的第三种选择。基于第三种选择,该文件强调,发展对外文化关系是一种展现加拿大语言和文化独特性的手段,也是一种让加拿大人接触更广阔的市场和相互促进的潮流的方式。③ 通过塑造和输出不同于美国的加拿大

---

① Jean‐Michel. Lacroix, "Canadian Studies in France", in Stephen Brooks ed., "Promoting Canadian Studies Abroad: Soft Power and Cultural Diplomacy", Switzerland: Springer, 2019, p. 110.

② Privy Council Office, "U. S. Economic Policy Measures", Aug. 25, 1971, p. 6, https: //www. bac‐lac. gc. ca/eng/discover/politics‐government/cabinet‐conclusions/Pages/image. aspx? Image = e000833840&URLjpg = http% 3a% 2f% 2fcentral. bac‐lac. gc. ca% 2f. item% 3fop% 3dimg% 26app% 3dcabinetconclusions% 26id% 3de000833840&Ecopy = e000833840.

③ Rachel Maxwell, "The Place of Arts and Culture in Canadian Foreign Policy", Ottawa: Canadian Conference of the Arts, 2007, p. 24.

文化身份,加拿大得以减轻美国对其在政治、经济和文化上的过度影响。因此,在这一原则指导下,特鲁多政府保留了皮尔逊时期发展文化关系的做法,鼓励将文化交流扩展到法国以外的国家,甚至包括社会主义国家。

在特鲁多执政之前,加拿大就大胆地挑战了英美对华政策,与中国进行了经济与文化往来。在经济交往方面,从1958年开始,迪芬贝克政府与中国建立了"小麦外交",在大约两年半的时间内向中国输送了4.22亿加元的小麦,缓解了中国的粮食短缺[1]。随后,中国成为加拿大小麦贸易的重要市场。在文化交往方面,加拿大曾邀请京剧表演团体于1960年8月参与温哥华国际节,既向国际社会展现了开放包容的形象,又突显了本国繁荣的戏剧事业。[2] 当时两国尚未建立官方的外交关系,此类活动彰显了加拿大对中国的友好态度和加深两国联系的可能性。

中加建交为进一步扩大两国往来奠定了基础。加拿大总理特鲁多在从政前曾两次访问中国,当时他便认为"世界需要中国走出孤立"。特鲁多执政后更是多次论及中国问题:他在《加拿大和世界》的演讲中强调,许多国际大事都因为缺少中国合作而无法彻底解决,而且加拿大在太平洋地区有重要利益,因此加拿大需要尽快承认中华人民共和国;在《加拿大人的外交政策》中,特鲁多指出中国是加拿大发展信息和文化项目的优先目标,两国需签订正式协议

---

[1] DFAIT, "40 Years of Canada – China Relations", 2010. Cited in Charles Burton, "The Canadian Policy Contert of Canada's China Policy since 1970", in Huhua Cao and Vivienne Poy eds., "The China Challenge: Sino – Canadian Relations in the 21st Century", Ottawa: University of Ottawa Press, 2011, p. 34.

[2] Kailey Miller, "'An Ancillary Weapon': Cultural Diplomacy and Nation – building in Cold War Canada, 1945 – 1967", Doctoral Dissertation, Queen's University, 2015, p. 164.

以确保文化展览和科研人员等的交流。① 经过多轮外交谈判，加拿大最终与中国在1970年建立正式的外交关系，实现双边关系的重大突破。

　　在中加友好关系发展的进程中，学生互换交流的想法也逐渐成型。对于中国来说，加拿大是一个技术发达的和平国家；对于加拿大来说，中国则是一个历史悠久的文明国家。因而，两国学者都对彼此产生了浓厚的兴趣，但苦于没有途径增进了解。最先提出该想法的是以多伦多大学和麦吉尔大学为代表的加拿大教育机构，他们希望中国学者可以到加拿大访问与学习。两国在建交谈判中也曾讨论文化交流的形式，而加方外交部部长夏普在1972年8月访华时，在官方层面表达了教育合作、交换学生的意向。夏普在公报发布会上表示，他和中方外交部部长谈及了交换学生与教师的问题，双方将尽早在教育领域建立一个类似的项目。② 在之后的几个月时间内，加方一直在跟进这个倡议。而后，中方先提出与加方交换3名学生，到1973年春末时，中方又提议将学生数量提升到20名，并于秋季前实行。③ 因此，两国学生互换的想法在双方的交流中得到了两方认可，并预先敲定了部分细节。

　　特鲁多应邀访华使中加学者交换项目成为正式的官方项目。1973年10月10—16日，特鲁多作为第一位正式访问新中国的加拿大总理，带着"通过日益增多的外交、贸易和文化往来达到互利"

---

① Department of External Affairs, "Canada and the World", May 29, 1968, p. 3, 5, https：//gac. canadiana. ca/view/ooe. sas_19680529ES/3？r＝0&s＝1. ; Department of External Affairs, "Foreign Policy for Canadians", Jun. , 1970, Volume on Pacific, p. 22, https：//gac. canadiana. ca/view/ooe. b1603784E/154？r＝0&s＝1.

② Department of External Affairs, "Exchanges with China", Aug. 22, 1972, p. 2, https：//gac. canadiana. ca/view/ooe. sas_19720822BEP/3？r＝0&s＝1.

③ Brian Evans, "The China－Canada Student Exchange：The First Twenty", Pacific Affairs, Vol. 49, NO. 1, 1976, pp. 93－94.

第三章 关键期：皮埃尔·特鲁多政府时期（1968—1979 年、1980—1984 年）

的目的与周恩来总理进行多轮会谈。① 13 日，两国总理代表政府签署了包括贸易、医疗、科技、学术和体育在内的一揽子协议。在学术交流方面，双方约定今后两年每年互派 20 名学生进行学术交流，并在可能的情况下于 1974 年初互派教师和教育代表团进行交流。② 每名学生可在中国学习一年，并获得相应的奖学金；如果成绩令人满意，可续期至第二年。由此，中加学生互换项目被官方协议确定下来（后于 1989 年更名为中加学者交换项目），开启了中加两国人才培养与学术交流的先河。

在签署正式协议之前，两国已经组织了第一批交流的学生。在中国方面，1973 年 5 月 1 日，9 名中国学生前往渥太华并就读于卡尔顿大学。根据新协议，另有 10 名学生将在加拿大各地大学继续学业的同时学习法语或英语，而第二年秋季则有 10 名理科生在加拿大研究自然科学或应用科学。③ 这些学生参与历史、文学和经济学等各类讲座，并在暑期随"联系加拿大"项目游览了加拿大，与加拿大各界人士进行了交流。他们不仅接触了西方的知识体系，还亲身体验了加拿大人的生活，与许多加拿大人结识为好友。而对于当地的加拿大学生来说，这些中国学生也打破了他们对于中国年轻人的刻板印象：中国学生说着流利的英语，彬彬有礼、热爱学习。④

在加拿大方面，联邦政府选拔了 20 名学生前往北京。根据协

---

① 《在周恩来总理举行的欢迎宴会上——特鲁多总理的讲话》，《人民日报》，1973 年 10 月 12 日。

② Department of External Affairs, "Canada and China—A Little Mutual Education", Oct. 13, 1973, pp. 3 – 4, https：//gac. canadiana. ca/view/ooe. sas_19731013ES/3? r = 0&s = 1.

③ Department of External Affairs, "Visit of the Prime Minister to the People's Republic of China October 10 – 16, 1973: Information Handbook", 1973, p. 9, https：//gac. canadiana. ca/view/ooe. b1603942E/12? r = 0&s = 1.

④ Ira Basen, "A Chinese ambassador's unique Canadian experience", CBC News, Jun. 3, 2008, https：//www. cbc. ca/news/canada/a – chinese – ambassador – s – unique – canadian – experience – 1. 727593.

议，两国需要各自负责本国学生的费用，而联邦政府只能为一半的学生提供资金支持，因此第一批学生由麦吉尔大学资助，多伦多大学和约克大学各资助3名和2名（这三所大学都设有大型的亚洲研究中心）。加拿大大学与学院协会代表政府统筹所有学生的选拔工作，最终选拔出的学生极富代表性，他们兴趣广泛，来自加拿大各地，具备不同程度的中文能力，部分曾赴中国旅游。① 在他们前往北京语言学院（后更名为北京语言大学）前，加拿大驻华大使馆的官员还就求学期间可能遇到的问题制作了相关材料以帮助学生做好准备，这也体现了此类交换的官方性质。在北京语言学院里，每一位学生先接受汉语口语、阅读和写作水平的测试，而后根据等级分班上课；在掌握了语言后，学生们可以在其他学院选择文学、历史和医学等专业开展学习。1974年9月，这批学生还帮助完成了两卷本《基础汉语》的修订。② 在这20名学生中，并非所有人在项目结束后都返回了加拿大，最终有5人选择留在中国：1人继续深造，2人作为在北京担任外国专家的配偶留京，还有2人在中国农村担任教师。③

该项目此后多次续签，但学生数量和资助安排多有调整。最初双方互派20名学生，并各自承担本国学生的交通、住宿和学杂等费用。1975年再度续签时，中方提出将学生数量增至25名，且将资助安排改为由母国承担学生的国际交通费用，东道国则负责在当地的一切费用，这也使得该项目的安排与国际惯例更加接轨。而进入20世纪80年代后，加方以"财政紧缩"为由一再削减交换的学生数量，从1980—1981学年的18名学生减至1983—1984学年的12

---

① Brian Evans, "The China - Canada Student Exchange: The First Twenty", Pacific Affairs, Vol. 49, NO. 1, 1976, pp. 94 - 95.

② Brian Evans, "The China - Canada Student Exchange: The First Twenty", Pacific Affairs, Vol. 49, NO. 1, 1976, p. 97.

③ Brian Evans, "The China - Canada Student Exchange: The First Twenty", Pacific Affairs, Vol. 49, NO. 1, 1976, p. 100.

名学生。① 尽管如此，该项目还是一直得到特鲁多政府和加拿大学生的支持，成为两国学术交流的常规渠道。

在特鲁多执政时期，这一小型的官方学生交换项目将中加学术交流推向小高潮。据统计，自1973—1983年，该项目惠及242名学生，包括127名中国学生和115名加拿大学生。② 中国学生由中国教育部遴选，主要来自各大学、研究机构和政府部门，大部分学生前往安大略省和魁北克省学习，且分布在11所加拿大大学中。交换生大多选择非学位的语言学习，其中有111人选择英语，16人选择法语；在后续的学术交流中，他们倾向于在加拿大大学中获得学位。而在加拿大方面，该项目吸引了542名学生申请，平均申请成功率为21%。③ 参与者大多通过所在机构的学术办公室、研究亚洲领域的教授和之前的交换生了解到该项目的基本信息。对这115名交换生的调查问卷显示，34%的学生在此前专攻亚洲研究，对亚洲文化具有浓厚兴趣，44%的学生到中国后选择研究中国历史或文学。④ 尽管出于种种原因，受访者对于在中国的学术经历和社交经历评价不一，但是高达89%的学生认为不虚此行，建议延续该项目。

在中加双方的支持中，中加学者交换项目培养了一大批学者与

---

① Martin Singer, "Canadian Academic Relations with the People's Republic of China Since 1970", Ottawa: International Development Research Centre, 1986, Vol. 1, p. 41.

② Martin Singer, "Canadian Academic Relations with the People's Republic of China Since 1970", Ottawa: International Development Research Centre, 1986, Vol. 1, p. 57.

③ Martin Singer, "Canadian Academic Relations with the People's Republic of China Since 1970", Ottawa: International Development Research Centre, 1986, Vol. 3, p. 331.

④ Martin Singer, "Canadian Academic Relations with the People's Republic of China Since 1970", Ottawa: International Development Research Centre, 1986, Vol. 3, p. 336, 339.

人才，为双边友好关系搭建起了桥梁。在加拿大方面，1973年至1983年的项目中，85.7%的参与者后续从事与中国有关的研究和工作。① 其中，曾于1982—1983学年在北京大学学习考古学的唐兰后来担任2015年至2019年加拿大外交部北亚和大洋洲司长，她将在中国的学习经历视为外交官生涯的起点。

总而言之，中加学者交换项目为双方的早期学术关系奠定了基石，特鲁多政府继续扩大对华学术交流的规模和种类，并在1983年开启了对华教育援助。中加学者交换项目也一直延续至今，规模增至每年数百人，成为"两国持续时间最长、影响最大、层次最高的政府间人才培养和学者交流项目"。② 对于加拿大来说，教育交流成为深化两国关系的利器。首先，该项目体现了特鲁多政府独立于英美的外交政策方针，以和善开放的形象凝聚了中加人民间的善意与情谊，为其他领域的两国合作打开了窗口。其次，该项目的受惠者有极大可能继续从事对方国家相关问题的研究或与对方国家相关的工作，成为推动中加关系的重要力量。最后，加拿大也借此将自己的高等教育品牌推向中国这一新兴市场，既丰富了加拿大在中国的形象，推动了两国文化的交流与传播，又获取了经济利益。

（四）冰球外交

特鲁多追求独立自主的外交政策，在冷战缓和的氛围中寻求与苏联深化联系。加美关系是加拿大最重要的双边关系，然而美国对加拿大与日俱增的影响力引起了加拿大对自身安全的担忧。特鲁多

---

① Martin Singer, "Canadian Academic Relations with the People's Republic of China Since 1970", Ottawa: International Development Research Centre, 1986, Vol. 1, p. 46.

② 《中国和加拿大教育合作交流情况（2020）》，中华人民共和国教育部教育涉外监管信息网，2021年3月24日，http://jsj.moe.gov.cn/news/2/1567.shtml。

主张加拿大要施行不依赖于美国的外交政策,且他一直对美国尖锐的反共主义持怀疑态度,他认为有责任帮助苏联进入主流国际社会。[1] 1970年发表的外交政策白皮书指出,加拿大对与社会主义国家发展关系有着巨大的兴趣,加拿大既希望通过与这些国家加强贸易、技术和科学合作以及文化交流来获取利益,也希望为缓和东西方局势做出贡献。[2] 因此,特鲁多政府在这一时期既谋求降低加拿大对美国的依赖,又想基于中等强国身份调和东西方的冲突,建立独特身份的这一目标推动加拿大与苏联发展关系。

与此同时,加拿大国球——冰球,损害了加拿大的国际声誉,加拿大亟需对此做出补救。加拿大是现代冰球运动的摇篮,一直以来都是这项运动的绝对强者。加拿大与冰球的紧密联系使得冰球运动在丰富加拿大的国家形象——"北方的、粗犷的和坚毅的"方面举足轻重。[3] 然而,20世纪五六十年代,加拿大冰球队在国际比赛中的强势表现却被苏联宣告终结。苏联敏锐地意识到体育可以提升自身和共产主义的国际地位,在冰球运动中加大投入,接连赢得奥运会和世锦赛的冠军,成为新的霸主。[4] 尽管加拿大认为苏联是用职业选手打败了自身的业余选手,但加拿大冰球队的接连受挫对国内民众来说仍然意味着国家灾难,在国际上则削弱了原本的体育强国形象,冰球国际赛事的输赢成为一个政治问题。同时,加拿大冰球队粗暴的打球风格使得加拿大的声誉雪上加霜。1960年,加拿大队和瑞典队在冰球比赛中发生冲突,两名瑞典球员受伤,瑞典媒体

---

[1] Robert Bothwell, "Big Chill: Canada and the Cold", Toronto: Irwin Publishing, 1998, p. 88.

[2] Department of External Affairs, "Foreign Policy for Canadians", Jun., 1970, Volume on Europe, pp. 18 – 19, https://gac.canadiana.ca/view/ooe.b1603784E/67?r=0&s=1.

[3] Evan H. Potter, "Branding Canada: Projecting Canada's Soft Power through Public Diplomacy", Montreal: McGill – Queen's University Press, 2009, p. 122.

[4] Jim Riordan, "The Role of Sport in Soviet Foreign Policy", International Journal, Vol. 43, NO. 4, 1988, p. 588.

对此表示，"加拿大和加拿大人的主流形象可能处于最低点"。① 因此，为了不让冰球从加拿大的荣耀彻底沦为污点，联邦政府决定介入体育领域，力挽狂澜。

新上任的特鲁多政府切实地推动了体育事务改革，成立了加拿大冰球协会。特鲁多在1968年的竞选演讲中表达了对加拿大在国际冰球比赛中表现的担忧，他还将冰球与促进民族团结联系在一起。冰球是为数不多的可以激发民族自豪感、将加拿大团结在一起的话题之一。② 在冰球失利和魁北克分离运动的双重挑战下，特鲁多上台不久即成立了加拿大体育特别工作组，并根据其报告在卫生与福利部下成立了健身与业余体育处，即加拿大体育局，来直接处理高水平运动相关的事务。③ 同时，工作组还邀请了加拿大业余冰球协会、加拿大国家冰球队和国家冰球联盟等代表于1968年12月10日举行会议，会议达成了成立加拿大冰球协会的共识。1969年2月，与联邦政府密切相关的非政府组织——加拿大冰球协会正式成立，该协会将不同的冰球组织团结在一起，致力于管理和发展加拿大国家队和整个冰球运动。④ 为了挽救加拿大冰球的颓势，加拿大冰球协会还根据工作组的建议，试图说服国际冰联允许专业运动员参加世锦赛，在遭到拒绝后，加拿大愤而退出国际比赛。由此可见，特鲁多十分重视冰球运动，并希望恢复加拿大冰球的荣光。

特鲁多巧妙地将与苏联和解和恢复加拿大冰球的声誉结合起来，与苏联签订了"冰球协议"。加拿大外交部曾在1966年的一份备忘

---

① Donald Macintosh and Donna Greenhorn, "Hockey Diplomacy and Canadian Foreign Policy", Journal of Canadian Studies, Vol. 28, NO. 2, 1993, p. 99.

② John Soares, "Cold War, Hot Ice: International Ice Hockey, 1947 – 1980", Journal of Sport History, Vol. 34, NO. 2, 2007, p. 214.

③ C. E. S. Franks, Michael Hawes and Donald Macintosh, "Sport and Canadian Diplomacy", International Journal, Vol. 43, NO. 4, 1988, p. 671.

④ Michał Marcin Kobierecki, "Canada – USSR Hockey Exchanges. Between Positive and Negative Sports Diplomacy", Historia i Polityka, Vol. 18, NO. 25, 2016, p. 22.

录中强调，冰球在欧洲的许多地区都是加拿大的代名词，它应该被视为加拿大的主要外交武器之一。① 基于重振加拿大冰球的目的，一些加拿大外交官也曾试图组织加拿大和苏联国家队职业球员之间的冰球交流活动，但都没有成功。特鲁多上台后恢复了对冰球交流的兴趣。他认为，加苏两国都是冰球强国，冰球能够引起两国社会的浓厚兴趣，符合对外交流的外交目的。② 而此时苏联也对与加拿大恢复友好关系持积极态度。于是，1971年特鲁多正式访问苏联，并邀请苏联总理阿列克谢·柯西金同年回访。加拿大与苏联签订了《加苏交换协议》，其中第14条表明"两国将鼓励和促进运动员、运动队以及体育、娱乐和运动领域专家的交流"。③ 两国形成共识，冰球运动成为了联系纽带，有望借此加强双边关系。

在"14号冰球协议"的基础上，两国决定以"冰球峰会"的形式增进交流。组织冰球交流系列赛的想法最初是由鲍里斯·费多索夫在苏联《消息报》上提出的。④ 加拿大驻莫斯科外交官认为这是一个有益的建议，大使馆因而与苏联官员组织了会谈，与会者都同意重建两国间的冰球联系。而此时加拿大外交部认为加拿大重返国际冰球比赛的时机已经成熟，就外交部和加拿大驻莫斯科大使馆如何发挥更积极作用举行会议讨论。在加拿大联邦政府、外交官和苏联方面等协商的同时，加拿大驻莫斯科大使馆还筹备了其他宣传活动，如放映1971年"斯坦利杯"加美决赛的精彩片段和组织相

---

① Donald Macintosh and Donna Greenhorn, "Hockey Diplomacy and Canadian Foreign Policy", Journal of Canadian Studies, Vol. 28, NO. 2, 1993, p. 100.

② Michał Marcin Kobierecki, "Canada – USSR Hockey Exchanges. Between Positive and Negative Sports Diplomacy", Historia i polityka, Vol. 18, NO. 25, 2016, p. 23.

③ Information Canada, "Exchanges: Agreement between Canada and the Union of Soviet Socialist Republics", 1974, p. 6, https://gac.canadiana.ca/view/ooe.b1640380/6?r=0&s=1.

④ Roy MacSkimming, "Cold War: The Amazing Canada – Soviet Hockey Series of 1972", Vancouver: Greystone Books, 1996, pp. 5 – 6.

关的比赛。① 最终，1972年4月在布拉格举行的国际冰联会议上达成协议，加拿大和苏联将在9月举行一系列共8场友谊赛，也就是所谓的"1972系列峰会"。

之后，加拿大积极地投入峰会的筹备工作。加拿大对此十分重视，考虑到此活动的政治重要性以及两国协商可能产生大量外交细节，1972年，加拿大特意在外交部中增设了公共事务局国际体育关系处来负责后续磋商和实行，并使外交部在体育活动中的参与正规化。② 国际体育关系处的另一个任务是重视双方交流中的礼仪，来避免球员的暴力行为和赢球欲望可能带来的负面后果。联邦政府还与加拿大冰球协会代表会面，就加强加苏关系讨论双方政客的出席名单。此外，由于电视的发展成倍地扩大了冰球比赛在国内外的影响力，加拿大也与苏联协商，为加拿大、美国和欧洲方面安排电视转播。③

1972年秋，"冰球峰会"如期举行，并以加拿大的险胜圆满落幕。8场比赛的前4场分别在蒙特利尔、多伦多、温尼伯和温哥华举行，后4场在莫斯科举行。该峰会允许加拿大派专业运动员参赛，加拿大职业选手于是第一次有机会与苏联国家队对抗。正因如此，尽管一些明星选手因备赛无法加入加拿大队，但是加拿大在赛前被认为赢面很大。④ 然而首场比赛，加拿大在2∶0领先的情况下被翻盘，最终以3∶7大比分落败。第2场比赛，加拿大调整了战术，赢回一局。但是加拿大的获胜势头并未延续，后两战一平一负。加拿

---

① Roy MacSkimming, "Cold War: The Amazing Canada – Soviet Hockey Series of 1972", Vancouver: Greystone Books, 1996, pp. 6 – 7.

② Donald Macintosh and Michael Hawes, "Sport and Canadian Diplomacy", Montreal: McGill – Queen's University Press, 1994, p. 35.

③ Donald Macintosh and Donna Greenhorn, "Hockey Diplomacy and Canadian Foreign Policy", Journal of Canadian Studies, Vol. 28, NO. 2, 1993, p. 107.

④ Michał Marcin Kobierecki, "Canada – USSR Hockey Exchanges. Between Positive and Negative Sports Diplomacy", Historia i Polityka, Vol. 18, NO. 25, 2016, p. 25.

大随后带着令人失望的战绩前往莫斯科客场作战。在先输一场的情况下,加拿大接连赢下第6场和第7场。加苏两方打平,第8场成为决胜局。最后一战当天,加苏两国万人空巷,在比赛结束前34秒加拿大选手保罗·亨德森攻入制胜一球,为加拿大同时赢得该场比赛和整场峰会。这传奇性的一幕也成为加拿大历史中永不磨灭的记忆,"所有在1972年超过6岁的加拿大人都记得1972年9月28日他们在哪里以及他们在做什么"。①

创造性的"冰球峰会"给加拿大带来了惊人的成效。就加拿大国内而言,联邦政府通过加拿大国球在国际比赛中的胜利培养了加拿大人对国家的认同感,促进了民族团结。加苏交锋极大地吸引了加拿大人的兴趣和激情。加拿大首场比赛失利后,第2场比赛变得至关重要。在"枫叶花园"竞技场,球迷们站在一起,高唱国歌为加拿大队鼓劲,加拿大的象征——鲜红的枫叶——则呈现在数百万观众的电视屏幕上。② 3000名忠实球迷还追随加拿大队前往莫斯科观赛。当峰会进入决胜赛时,2100万加拿大人中超过1500万人在工作日下午观看了这场比赛。③ 亨德森的传奇进球更是点燃了加拿大人的爱国热情和民族自豪感。这场一波三折的峰会将加拿大人紧紧地团结在一起,整个加拿大被强烈的民族主义激情席卷。

就国际社会而言,加拿大一方面以优异的表现重返国际比赛,

---

① Scott Morrison, "The Days Canada Stood Still: Canada vs USSR 1972", Toronto: McGraw – Hill Ryerson Limited, 1989, p. 11. Cited in J. Wilson, "27 Remarkable Days: The 1972 Summit Series of Ice Hockey between Canada and the Soviet Union", Totalitarian Movements and Political Religions, Vol. 5, NO. 2, 2004, pp. 277 – 278.

② Scott Morrison, "The Days Canada Stood Still: Canada vs USSR 1972", Toronto: McGraw – Hill Ryerson Limited, 1989, pp. 64 – 65. Cited in Neil Earle, "Hockey as Canadian Popular Culture: Team Canada 1972, Television and the Canadian Identity", Journal of Canadian Studies, Vol. 30, NO. 2, 1995, p. 115.

③ Neil Earle, "Hockey as Canadian Popular Culture: Team Canada 1972, Television and the Canadian Identity", Journal of Canadian Studies, Vol. 30, NO. 2, 1995, p. 114.

巩固了其在冰球领域的霸主地位，恢复了曾经饱受诟病的冰球声誉。另一方面，尽管比赛中不乏一些小插曲，加拿大成功地拉近了身处两个阵营的国家的距离。首先，冰球比赛引起了两国人民对彼此的兴趣，打开了通向"另一个世界的大门"。加拿大队在莫斯科引起了轰动，"每天都有数以百计的俄罗斯孩子挤在酒店大堂和体育场门口，提出用他们的翻领纽扣交换枫叶纽扣或其他任何——特别是口香糖——加拿大人碰巧带在身上的东西"。[1] 其次，加拿大在冰上的顽强表现赢得了苏联人的尊重。加拿大长期以来是维护和平的使者，它坚毅勇猛的一面常被人忽略，而这一面在冰球场上得到了淋漓尽致的展现。[2] 最后，加拿大和解的努力为其塑造了与美国截然不同的国际形象。对苏联来说，加拿大是第一批搁置意识形态、推动两个阵营交流的国家之一，它在苏联的对外交往中拥有独特地位。

总的来说，"冰球峰会"对于加拿大用文化外交来发展多样化关系具有里程碑意义。相比于复杂的国际关系，体育对大多数人来说更有趣也更易于接受，因而被视为一种新的公共外交工具。特鲁多通过冰球与苏联建立了紧密的联系，缓和了冷战的紧张局势，也在国际社会中将加拿大与美国的外交政策区分开。在1972年"冰球峰会"大获成功后，加苏两国延续用文化交流推动两国友好关系发展的做法，包括两年后的第二次"冰球峰会"。

---

[1] Mark Mulvoy, "So the Canadians go to Hockeyland", Sports Illustrated, Oct. 2nd, 1972, https://vault.si.com/vault/1972/10/02/so-the-canadians-go-to-hockeyland.

[2] Jan Wechmann, "The Great Canadian Myth Exposed: The 1972 Summit Series in Diplomatic and Domestic Perspective", in Catherine Bates, Graham Huggan, Milena Marinkova, and Jeffrey Orr eds., "Visions of Canada", Brno: The Central European Association for Canadian Studies, 2007, p. 14.

三、总结与评价

在特鲁多执政时期，加拿大更为关注本国利益，主张外交应为内政服务。在魁北克分离运动愈演愈烈的威胁下，维护国家统一成为内政和外交共同的重点，而向外投射加拿大的双语制和多元文化，体现了加拿大的独特身份，反过来也促进着国内团结。同时，加拿大想要促进国内的经济发展和维护国家安全的意愿也离不开对自身文化的宣传和在海外民众中好感的培养。因此，特鲁多政府继续运用公共外交工具，如设立文化中心和组织学者交换项目等，以联邦政府的权威集中展现加拿大的文化和优势，塑造加拿大统一、独立和友善的国家形象。关键期的公共外交实践主要有四点启发：首先，外交政策白皮书可以为公共外交活动提供指导性意见。政府应该将公共外交纳入外交政策的审查范围，并为该时期的相关活动指明努力方向。其次，外交应该从内政出发，反过来也可以促进国家治理。对外开展公共外交离不开本国利益，在明确本国目标的基础上选择公共外交的对象和形式，可以事半功倍。再次，文化地标是全方位展示一个国家的有效工具。一个固定的文化或信息中心不仅为系统性地展现本国文化提供了广阔的空间，也便利了对此感兴趣的海外民众，提升了宣传效果。最后，体育是迅速拉近双边关系的新途径。体育比赛是短时间、高关注度的活动，不仅能激发本国民众的自豪感与爱国热情，也能增进两国民众对彼此的认知。

第四章 辉煌期:克雷蒂安政府时期（1993—2003年）

跨越世纪之交，加拿大的公共外交实践在让·克雷蒂安执政时期达到辉煌。克雷蒂安执政的十年内，近半个世纪的冷战已然结束，世界各国在全球化的浪潮中联系愈发紧密，信息革命的发展迎来了新的变革曙光。面对波谲云诡的国际环境和日益演变的国际体系，克雷蒂安政府希望加拿大塑造为具有全球领导力、经济发达和文化多元的全新形象。于是，公共外交被提升为外交政策的第三支柱，作为历史转折时期加拿大应对机遇与挑战的切入口之一。在这一政策指引下，加拿大通过文化遗产部和外交事务与国际贸易部等部门在文化交流、经济贸易、人类安全和新媒介等方面多管齐下，同时在特定的对象国开展大型系列活动，提升加拿大在国际上的认知度和认可度。为了深入推进公共外交政策、展现加拿大的独特文化，加拿大配套推出了公共外交项目，在传统的文化外交领域较为系统地促进多样文化的交流与融合。同时，克雷蒂安将经贸（其外交政策的第一支柱）与公共外交实践相结合，数次组建并亲率"加拿大国家队"访问各国，在塑造加拿大可靠国际形象的过程中谋求经济利益。此外，基于人类安全理念，加拿大积极呼吁各国参与《渥太华公约》的订立，在国际舞台上突显了反战形象，在全球安全领域塑造了新的国际秩序。在此期间，加拿大针对美国和日本分别举办了大型宣传活动，即"上北部：加拿大在纽约"和"联想加拿大"，来加深经贸伙伴国和政治盟友国民众对本国的认同与理解，为有利于本国的政治决策争取民心。加拿大也抓住了信息技术发展的契机,陆续创建如"轻松连接加拿大"和"外交政策电子对话"网站等平台,通过双向交流机制将国内外民众吸引到外交事务的讨论中,体现了开放民主的加拿大社会。总的来说,尽管国际社会急剧变化,且执政的自由党政府早期削减了相关预算,加拿大仍然利用有限的经费在不同领域实现了更深层次的发展,既树立了加拿大全新的国际形象,又兼顾了加拿大的国家利益。

一、背景与目标

美国著名政治学家约瑟夫·奈在冷战末期指出,软实力是一国通过其文化、政治理念和政策说服或吸引另一国的能力,而加拿大在展现软实力以提高国际影响力方面处于有利地位。① 在国际体系转型和全球化方兴未艾的大背景下,克雷蒂安政府希望运用公共外交为加拿大打造冷战后的新国际形象:在政治上,加拿大是有领导力、民主良治和追求和平的国家;在经济上,加拿大是科技发达、独具新意和平等竞争的国家;在文化上,加拿大是多元、独特且统一的国家。这三者并非截然孤立,而是相辅相成。

(一)具有全球领导力的政治形象

冷战的结束给加拿大带来了新的政治机遇。苏联的解体摧毁了两极格局,美国的影响力与冷战初期已不可同日而语,在"9·11"事件后更是大受打击。随着美国制约的相对减少,加拿大摆脱了"美国附属国"和"小跟班"等称号,获得了大显身手的机会。新

---

① "Soft sells – and wins", Straits Times, Jan. 10, 1999, https://global.factiva.com/ha/default.aspx#./!?&_suid=16389331857620352962485652 9556.

秩序的建设刚刚开始，欧盟、俄罗斯、日本和中国等主要力量正在崛起，但这一新格局在几十年内都未能完全定型。① 而加拿大在冷战期间依托国际机构，以中等强国的身份在对峙的阵营间协调斡旋，同时向相对落后的第三世界国家提供大量无私援助，在国际舞台上已经树立了"和平者"和"中间人"的良好形象。在权力日益分散的世界中，加拿大凭借相对上升的国家能力和可靠的声誉，赢得了扩张全球领导力的机会。此外，加拿大也意识到，尽管国家仍然是国际体系的主要参与者，公民社会和非政府组织影响全球舆论的作用却日益突出，国家有必要与其加强合作。

克雷蒂安的自由党政府展现出了领导世界、建立新国际秩序的雄心。克雷蒂安认为自由党的外交政策主要基于三个基本原则：第一，最重要的是加拿大的独立；第二，加拿大作为世界公民的责任；第三，提出富有创造性的方法来解决国际问题。② 就国内舆论而言，加拿大民众在1995年和2003年的外交政策讨论中都明确地表达了希望加拿大继续积极参与国际事务的意愿，他们认为加拿大的民主、公正、人权等价值观应该在加拿大的外交行为中得到体现。然而，克雷蒂安上台初期即面临国内财政紧缩和魁北克分离运动的威胁，一定程度上无法用充足的资源来支撑加拿大希冀在国际舞台上扮演的角色。加拿大因而选择在特定的领域追求成为领导者，外交部部长劳埃德·阿克斯沃西开展以人类安全理念为核心的外交活动，成功地在多边机构和协定中突出加拿大的价值观和原则。

为了扩张全球领导力，加拿大需要树立正面的政治形象。在相对和平的后冷战世界，美国仍然是具有相对优势的超级大国，其余

---

① DFAIT, "Canada in the World – Canadian Foreign Policy Review – 1995", Feb., 1995, https：//walterdorn. net/pdf/CanadaInTheWorld_1995. pdf.

② Dave Todd, "No junior partner: Liberal blueprint calls for greater independence from U. S. ", Kitchener – Waterloo Record, May 26, 1993, https：//global. factiva. com/ha/default. aspx#. /!? &_suid = 16332273182290317448789 7548446.

主要力量也可能与加拿大的追求相左。加拿大作为中等强国实力有限，如果想要领导新秩序和新规范的确立，甚至对抗持不同意见的其他国家，势必需要国际社会（包括中小型国家、非政府组织和民众）的广泛支持。因此，在加拿大"和平者"和"中间人"的形象基础上，加拿大需要进一步在海外加强宣传，丰富自己的政治形象：首先，加拿大致力于突出自身具有领导力，强调自己是在国际舞台上的重要存在；其次，加拿大力图展现自由开放的民主传统，吸引非政府组织和民众与其合作；最后，加拿大需要强化自身独特的价值观，如反对军国主义、尊重人权等。而当加拿大在海外塑造了上述政治形象后，加拿大在国际上的高存在感反过来也能回应国内民众的期待，增强加拿大人的国家和民族认同感，推动国内团结。

总之，在政治上，克雷蒂安政府希望为加拿大在海内外民众心中树立有领导力、民主良治和追求和平的国家形象。

（二）科技发达的经济形象

经济全球化的趋势赋予了加拿大增强经济实力的机遇。冷战后对军事实力的要求相对下降，经济实力成为衡量一个国家成功与否的标准。世界上的新势力往往是那些经济繁荣的国家，这些新的经济极点出现在太平洋地区和拉丁美洲。在全球商品、服务和资本日益加强流通的世界中，加拿大作为外向型经济体需要更积极地参与国际竞争。

国内经济的颓势促使克雷蒂安政府将经济发展视为重中之重。克雷蒂安上台时，加拿大正被高失业率和高赤字所困扰。加拿大日益意识到贸易对于经济繁荣的重要性，苏联的前车之鉴也提醒克雷蒂安政府经济景况关乎国家存亡。① 因此，1995年克雷蒂安政府将以就业和贸易为核心的经济发展视为其任期外交政策的第一支柱。一方面，加拿大致力于创建多边国际机构、改革国际金融体系、遏制恶性竞争。加拿大财长小保罗·马丁联同其他G7财长，构建了一个囊括20个具有系统重要性国家的对话平台（即G20），使得各国能够共享应对金融挑战的经验，维护全球经济的稳定。② 另一方面，加拿大在这一时期既希望加强与美国的经济联系，又希望开拓美洲、亚太和非洲等地区市场，更为自主地制定经济政策。比如，克雷蒂安升级了外交部中的亚太经济合作机构，同时在各大公开场合强调加拿大也是亚太国家。

为了推动经济发展，加拿大需要更新过时的经济形象。尽管加拿大更为积极地发展双边或多边的经济关系，在竞争日趋激烈的世界，加拿大出口贸易所占的市场份额却有所下降。克雷蒂安政府发现，世界对加拿大经济实力的认知还停留在半个世纪前，加拿大只被看作资源丰富、幅员辽阔的出口国，而非技术发达、擅于创新的工业国；一些国家甚至不认为加拿大也是国际经济的重要参与者。加拿大如果想要争夺市场份额，刺激国民经济发展，由政府牵头建立一个总体的经济形象成为当务之急。因此，在物产富饶、景色宜人的形象基础上，加拿大亟需向潜在的贸易伙伴传达全新的国家品牌形象：首先，加拿大必须宣传自身的高新科技优势，破除国际社会的刻板印象，争取更大规模、更高含金量的贸易往来；其次，在以知识为基础的社会中，加拿大需要展现本国的独创性以与其他国家竞争；最后，基于多元文化主义优势，加拿大需要突出多元的商界组成，强调加拿大为所有人提供平等的机会，从而增加与这些商人的母国合作的可能性。而加拿

---

① DFAIT, "Canada in the World – Canadian Foreign Policy Review – 1995", Feb., 1995, https://walterdorn.net/pdf/CanadaInTheWorld_1995.pdf.
② 朱杰进：《G20机制非正式性的起源》，《国际观察》2011年第2期，第12页。

大在海外统一的经济形象反过来也会在国内增强加拿大商人对海外贸易的信心,并且提升加拿大人对政府的支持力度。

总之,在经济上,克雷蒂安政府致力于转变海外民众的固有印象,塑造科技发达、独具新意和平等竞争的国家形象。

(三) 多元统一的文化形象

联系日益紧密的世界为加拿大带来了文化挑战。加拿大和美国的文化和社会高度相似,加拿大长久担忧被其同化,曾采取许多措施来保护民族文化。全球化加速了美国文化的全球扩张,加拿大作为邻国和盟友,其本土文化受到更多冲击。在北美大陆之外的地方,加拿大被戏称为"美国的第51个州",人们并不清楚两者的文化有何区别。因此,加拿大亟需跳脱出传统的被动地位,树立与美国不同的文化形象。而在加拿大国内,尽管加拿大一向以多元文化为荣,多元文化的背后却暗藏着文化安全和身份认同的困境。就北美土地上的原住民而言,加拿大试图同化的努力早已失败,20世纪末原住民更为公开地争取权利,向二元的加拿大民族身份发起挑战。[1] 克雷蒂安上台时正面临加速的魁北克分离运动,魁北克作为强大的次国家行为体,通过独有的国际机构进行专注本省事务的外交活动,导致海外对于加拿大的认知相对割裂与片面,背离了加拿大想要展现"一个声音"的初衷。[2] 因此,加拿大本国的身份认同遭受了新的冲击,需要凝聚国内层面的文化认同。

克雷蒂安政府旗帜鲜明地强调文化与价值观的重要性。主动传

---

[1] Jane Lenson,"Understanding Pocitics: Concepts of Identity in Political Science", in James Bickerton and Alain – G. Gagnon eds.,"Canadian Politics", 1999, Toronto: University of Toronto Press, p. 43;戴晓东:《加拿大:全球化背景下的文化安全》,复旦大学博士论文,2004年,第75页。

[2] Evan H. Potter,"Canada and the New Public Diplomacy", International Journal, Vol. 58, NO. 1, 2003, p. 60.

播加拿大的价值观和文化被列为克雷蒂安政府外交政策的第三支柱，且被认为将有助于加拿大的安全和经济发展。比如，加拿大优质的高等教育和研究合作可以将全球化的力量转化为社会的优势。克雷蒂安政府也意识到，加拿大的多元文化特色使其有机会接触英语和法语世界，以及来自世界各地的加拿大人的家园。而对于加拿大人来说，本国的文化和价值观应该赢得国际舞台上更强的存在感。电影、歌曲和戏剧等都是加拿大的原创新名片，代表了这个社会的和平、文化多元、尊重和包容，并且加拿大艺术作品的国际推广是展示加拿大社会风貌的一种非侵入性的方式。[1]

为了应对全球化的冲击，加拿大需要展现丰富的文化形象。文化能够帮助一国更为轻松地开启另一国的大门，潜移默化地改变别国民众对其的认知，使这个国家脱颖而出。如果加拿大想要在全球化的冲击下拥有自己的独特声音，不能只是防御性地保护本国文化，唯有积极主动地向外投射自身的文化和价值观。因此，在"寒冷"和"冰雪"等地理印象的基础上，加拿大需要向海外民众推广更立体的文化形象：首先，加拿大的马赛克式多元文化是它的文化优势，也是它区别于美国的独到之处，加拿大需要以此为抓手；其次，加拿大在电影、音乐和文学等方面都有深层次发展，加拿大应该为这些艺术作品打上"烙印"；最后，尽管加拿大的文化是多元的，其实质还是统一的，加拿大需要强调"加拿大的文化"。而对于加拿大独特文化的强调反过来也能在国内激发人们的自豪感，利于抵御民族分裂。

总之，在文化上，克雷蒂安政府力图向国际社会推广加拿大的多元、独特且统一的文化形象。

---

[1] DFAIT, "A Dialogue on Foreign Policy: Report to Canadians", 2003, p.18, https://gac.canadiana.ca/view/ooe.b366319xE/20?r=0&s=1.

二、决策与实践

在塑造全新的国际形象目标的指引下，克雷蒂安政府尤为重视公共外交在这一时期的作用。加拿大在政治、经济和文化领域成为日益活跃的参与者，在海内外开展了大量的公共外交项目，针对特定的国家发起了大型宣传活动，并灵活地运用新媒介推广自己。

（一）《世界中的加拿大》白皮书和公共外交项目

时代的变革推动着加拿大重新审视并调整对外政策，而公共外交的重要性也逐渐突显。加拿大上一次审查外交政策是在1986年，当时柏林墙尚未倒塌；近十年来，无论是世界还是加拿大都发生了显著的变化，冷战的结束赋予了加拿大这类中等强国更多的发展机会。当世界迎来弗朗西斯·福山笔下"历史的终结"时，加拿大人希望渥太华在世界舞台上发挥更大的领导作用，而丰富加拿大的文化认同则与该国在全球舞台上的行为有着内在的联系。[①] 同时，魁北克的分离运动也影响了作为内政延伸产物的外交政策。当魁北克省省长雅克·帕里佐宣称"魁北克才是魁北克人的身份"时，增强国内的民族认同、展现对外的统一形象无疑成为了新政府外交政策的优先事项之一。[②]

加拿大民众和专家的一致意见直接促成了新政府提高对加拿大

---

① Allan Thompson, "PM launches quest for new Foreign Policy forum to examine Canada's role in a changed world", Toronto Star, Mar. 20, 1994, https：//global.factiva.com/ha/default.aspx#./!? &_suid=16332288180430189346114877372528522.

② Jacques Parizeau, "Your national will and ours no longer converge", Toronto Star, Nov. 23, 1994, https：//global.factiva.com/ha/default.aspx#./!? &_suid=16332290680400123901551535177712.

文化传播的重视。早在 1992 年，加拿大外交部下属的国际文化关系局对 14 个国家在国际文化事务方面支出、优先事项和机制等实践开展比较政策评估时，发现加拿大相应投入占 GDP 的比重远低于其余各国，尤其是法国。[①] 这表明加拿大在把文化视为协调国际关系、彰显本国存在的有效工具的意识方面落后于别国。当加拿大为新的外交政策评估发起听证会和论坛，吸收国内非政府组织和普通民众参与讨论时，各种各样的加拿大艺术团体呼吁渥太华在国内外投入更多资金以发展文化产业。加拿大人逐渐形成了一定的共识：加拿大在国际上的存在应该包括文化和身份，而不仅仅是商贸或维和。此外，政府委托的特别联合议会委员会更是在为外交政策评估所作的关键报告中直言，加拿大的外交政策应该颂扬和促进加拿大文化和知识，来深化加拿大在国际事务中的利益；外交政策取决于外国民众的认知，即加拿大对本国文化的投射。[②] 因此，增强加拿大在国际舞台上的存在，服务于外交政策的实施是克雷蒂安政府在对外政策中提升公共外交地位的首要出发点。此外，在联邦政府的支持下，展现加拿大独特的价值观和多元文化也利于发出统一的声音、抵御分离运动。

1995 年，克雷蒂安政府发表《世界中的加拿大》白皮书作为外交政策的指导原则，并有力地突显了文化在外交政策中的地位。该白皮书宣布，"投射加拿大的价值观与文化"与经济政策、安全政策并列为新时期对外政策的三大支柱。[③] 公共外交的重要性也得到进一步阐述：首先，加拿大的教育制度、文化多样性和文化产品与

[①] Harry Hillman Chartrand, "International Cultural Affairs: A Fourteen Country Survey", The Journal of Arts Management, Law, and Society, Vol. 22, NO. 2, 1992, pp. 134 – 154.

[②] DFAIT, "Canada in the World – Canadian Foreign Policy Review – 1995", Feb., 1995, https://walterdorn.net/pdf/CanadaInTheWorld_1995.pdf.

[③] DFAIT, "Canada in the World – Canadian Foreign Policy Review – 1995", Feb., 1995, https://walterdorn.net/pdf/CanadaInTheWorld_1995.pdf.

服务的对外交流将促进经济增长,即服务于第一支柱;其次,加拿大价值观——尊重民主、法治、人权和环境等的推广将有利于维护全球安全,即服务于第二支柱;最后,唯有通过文化——双语的、多元的,深受原住民、北方、海洋以及广阔土地影响的——展现加拿大的独特性,才能使加拿大脱颖而出。该文件突出了本届政府将比上届政府更注重公共外交,已经推翻上届政府所作的关闭部分驻外使馆文化服务的决策,且将继续丰富文化服务。此外,考虑到预算限制,该文件指明了两点努力方向:一是与社会各界建立伙伴关系,借助各级政府和民间的资源;二是建立更为完善的对话机制,引导民众献计献策并认同决策。① 由此,克雷蒂安政府确立了公共外交的关键地位,并以此为指南在多个领域深化与创新文化实践。

在"投射加拿大的价值观与文化"第三支柱的框架下,加拿大外交部于1998年启动了试验性的公共外交项目。该项目的总体目标是扩大加拿大价值观与文化的影响力,提高本国及海外对于加拿大国际形象的认知。在国际层面上,通过外交部与传播局、地理局等部门的协力合作,公共外交项目开展以国外民众为目标群体的外交活动,将资金应用于特定方面,如宣传加拿大价值观与身份、促进民主与良治等。一方面,借助加拿大驻外使馆,该项目资助了大批海外艺术、文化和学术交流等活动。② 比如,在当时崛起的欧盟成员国德国,加拿大举办了艺术家演出,通过文化产品输出更新德国民众对加拿大的印象,强化伙伴关系。同时,在电影节上展出的加拿大电影也达到了广泛传播文化、提升国家形象的目的。另一方面,该项目也支持通信局在加拿大境内组织的外展活动,如邀请外国记者和外国学者等访问加拿大,让他们亲身感受加拿大的多样性

---

① DFAIT, "Canada in the World – Canadian Foreign Policy Review – 1995", Feb., 1995, https://walterdorn.net/pdf/CanadaInTheWorld_1995.pdf.
② 唐小松、吴秀雨:《加拿大新公共外交评析》,《国际论坛》2010年第6期,第1页。

与优势。许多活动有助于加深参与者对加拿大语言、文化和地区多样性的认识，提高加拿大官方语言少数群体（即魁北克地区说英语的加拿大人和魁北克地区外说法语的加拿大人）的知名度。① 此外，在公共外交项目的推进中，加拿大驻外使馆得以更顺畅地接触外交目标指向的受众，建立强有力的沟通，从而提高外交活动的效率。

除了策划面向海外民众的交流活动，公共外交项目也涵盖了大量聚焦国内民众的计划。尽管魁北克分离主义在 1995 年公投中以微弱劣势败北，自由党政府仍视其为隐患，并于 1996 年将维护国家统一列为第二阶段的施政重点。鉴于这一不稳定因素，该项目的部分使命是"接触加拿大人以促进国内对统一的辩论"。② 在 1998 年至 2004 年期间，超过 500 个项目致力于激励国内民众积极投身国际事务讨论，在公众广泛参与的氛围中构建民族认同。大多数项目呼吁来自大学、非政府组织和文化组织等的成员加入。据国库委员会秘书处的报告，自 2000 年起，每年有固定 800 万加元预算用于这些项目，其中包括学术关系补助金和文化关系补助金。③

在这些公共外交计划中，青年人是加拿大想要着力培养的主要群体，尤其是来自魁北克地区的青年人。公共外交项目在法语中又称为"公开外交"，意在推动外交部与各省级选区居民以多种方式

---

① Office of the Commissioner of Official Languages, "Doorway to the World: Linguistic Duality in Canada's International Relations", Aug. 16, 2011, https://www.clo-ocol.gc.ca/html/stu_etu_112007_p4_e.php.

② DFAIT, "Evaluation of the Public Diplomacy Program of Foreign Affairs Canada", July, 2005, p. 2. Cited in Ellen Huijgh, "Public Diplomacy at Home: Domestic Dimensions", Leiden: BRILL, 2019, p. 88.

③ Treasury Board of Canada Secretariat, "Funding for National Unity Strategy - Public Diplomacy and Cultural Programs", Apr. 29, 2004, https://www.tbs-sct.gc.ca/report/orp/ur-ru/ur-ru02-eng.asp.

第四章 辉煌期：克雷蒂安政府时期（1993—2003 年）

直接互动。① 该项目派出外交官员到加拿大各地举办讲座，为青年人组织研讨会，并给当地学校的教师提供支持。同时，政府设立国际交流平台，如交换生、模拟联合国项目等，主动引导青年人接触世界。在公共外交项目开展期间，每年有大约 350 名就读于各大高校的青年学子获得项目资助，前往纽约参与模拟联合国大赛。② 通过此类项目，不仅加拿大的青年人增强了对多样文化的理解，海外的青年人也对加拿大有了更立体的印象。此外，加拿大还扩展了许多以青年人为受众的网站，吸引青年人探讨加拿大外交政策和国际地位等话题。比如，外交部开发的青年门户网站提供了从国际职业发展到专为教师授课设计的一系列子网站，包含关于法语国家和加拿大国际关系史等专题的相关信息。③

《世界中的加拿大》白皮书将加拿大置于不断变化的国际环境中，有效地提升了文化和价值观在对外政策中的地位，为克雷蒂安任期内公共外交的发展奠定了基础。在这一政策指引下，公共外交项目从 1998 年持续到 2005 年 3 月，在外交部发布的项目评估中被认为成功增强了加拿大在国外民众心中的存在感和认同感，也推动了国内的团结与统一。④ 具体而言，这些公共外交举措不仅在海外传播了以双语制和多元文化为特征的立体加拿大形象，而且在国内

---

① Jozef Bátora, "Public Diplomacy in Small and Medium – sized States: Norway and Canada", Hague: Netherlands Institute of International Relations Clingendael, 2005, p. 15.

② 唐小松、吴秀雨：《加拿大新公共外交评析》，《国际论坛》2010 年第 6 期，第 2 页。

③ DFAIT, "Evaluation of the Public Diplomacy Program of Foreign Affairs Canada", July, 2005. Cited in Jozef Bátora, "Public Diplomacy in Small and Medium – sized States: Norway and Canada", Hague: Netherlands Institute of International Relations Clingendael, 2005, p. 15.

④ DFAIT, "Evaluation of the Public Diplomacy Program of Foreign Affairs Canada", July, 2005, p. 2；唐小松、吴秀雨：《加拿大新公共外交评析》，《国际论坛》2010 年第 6 期，第 1 页。

发动了社会各界，尤其是青年人的政治参与，有效地传递了加拿大外交政策的理念，强化了国内民众对统一加拿大形象的认知和民族自豪感。

（二）"加拿大国家队"

全球化浪潮的兴盛为加拿大在经济发展的同时带来了机遇与挑战。一方面，新兴的发展中经济体为加拿大商品和服务的出口提供越来越有吸引力的市场，快速且低成本的空运也使得全球范围内的商贸往来更为频繁和划算。加拿大赢得了削弱美国经济影响、追求20世纪70年代皮埃尔·特鲁多政府提出的"第三种选择"的更多机会。另一方面，克雷蒂安上台时，加拿大正饱受国内经济问题的困扰，尤其是高失业率和大规模的债务。1995年各级政府的债务总和接近GDP，平均每个加拿大人身负25311加元债务。① 经济萧条是世界性的，加拿大作为外向型的贸易国家更是首当其冲。因此，国内对扩大和改善国际贸易环境的需求推动外交政策将促进经济繁荣和就业列为本届政府的核心议程。

加拿大与他国对加拿大经济实力的认知落差促使加拿大把改善国际形象作为切入点。加拿大高度依赖出口，其出口占加拿大所有商品和服务的43%以上，每三个工作岗位中就有一个与出口有关。② 加拿大人自信地认为，凭借产品与服务的高质量，加拿大在国际市场上可以与最好的对手竞争。③ 然而，在日趋激烈的经济竞争中，加拿大在全球市场上的相对份额却逐渐减少。这可能离不开潜在投

---

① ［加］约翰·赛维尔著，李鹏飞等译：《加拿大——走向今日之路》，北京理工大学出版社2006年版，第112页。
② International Trade Canada, "What is Team Canada?", Dec. 12, 2003, https://web.archive.org/web/20050208114521/http://www.tcm-mec.gc.ca/what-en.asp.
③ DFAIT, "Canada in the World - Canadian Foreign Policy Review - 1995", Feb., 1995, https://walterdorn.net/pdf/CanadaInTheWorld_1995.pdf.

资者的刻板印象，他们认为加拿大仅是资源型经济体，主要出口林产品和农产品，缺少创新与活力。① 在国际社会眼中，加拿大尚不属于美国、英国和法国等重要的国际经济参与者之列。当加拿大与新兴市场发展经济关系的努力遇到阻碍时，加拿大意识到，一个国家对出口的依赖程度越高，则越关心自己的国际形象，从而更希望通过公共外交来塑造良好形象。② 因此，加拿大希望短期内达成切实的商业合作、创造就业岗位，长期内通过展现加拿大在资源、科技和人力等方面的经济优势，提高加拿大作为贸易伙伴和资本市场的吸引力，从而说服有经济增长潜力的地区与加拿大开展双边经济合作。出访海外的大型贸易代表团应运而生。此外，贸易代表团也旨在凭借加拿大政府和企业代表与当地政界和商界精英的直接交流，促进双方国家对彼此文化的了解，展现更立体的加拿大现代形象。

上任一年内，克雷蒂安政府便创造性地组织了首支"加拿大国家队"，并在《世界中的加拿大》白皮书中将"运用加拿大国家队"这一新途径明确列为国际贸易发展的重点之一。③ 1994—2002年，克雷蒂安政府共筹备了8次大型贸易代表团，每年前往世界的不同地区，主要涉足亚太和拉丁美洲地区（尽管1995年去往拉丁美洲的代表团没有冠以"加拿大国家队"的头衔，但其规模和范围使其有资格列入）。④ 代表团所前往的目标国家均经过精心挑选：以中国、日本为首的亚太地区经济增长强劲，但对于加拿大的印象还

---

① Evan H. Potter, "Branding Canada: The Renaissance of Canada's Commercial Diplomacy", International Studies Perspectives, Vol. 5, NO. 1, 2004, p. 58.

② Michael Kunczik, "Images of Nations and International Public Relations", New York: Routledge, 2016, p. 25.

③ DFAIT, "Canada in the World – Canadian Foreign Policy Review – 1995", Feb., 1995, https://walterdorn.net/pdf/CanadaInTheWorld_1995.pdf.

④ International Trade Canada, "January 1995: Business Development Mission to Latin America", Nov. 20, 2002, https://web.archive.org/web/20051025183339/http://www.tcm-mec.gc.ca/latin_america95-en.asp.

停留在资源丰富、环境优美；拉丁美洲地区已经从贸易自由化中获利，但加拿大想推动美洲自由贸易区进程仍困难重重；俄罗斯和德国经过历史性变革后更加开放，加拿大亟需提升在这两国的知名度。

"加拿大国家队"由政府领导，参与者涉及加拿大国计民生的方方面面。在政府层面，每次出访均由克雷蒂安亲自率领，国际贸易部长、各省省长、地区政府领导人、各市市长等不同程度地参与。比如，在1994年访问中国时，加拿大联邦政府派出克雷蒂安、国际贸易部长和亚太国务秘书，十省中除魁北克省外都派出了省长。① 总理和各级政府领导人的热情与支持利于代表团建立威望和信誉，帮助加拿大企业收集海外市场信息，也为接触当地商界和决策者提供便利。同时，联邦政府和省政府在海外协同活动展现了加拿大团结统一的形象。② 在社会层面，每次"加拿大国家队"都从8个至10个确定的商业重点领域中选取数百位代表，包括老牌和新兴出口商，尤为重视女性、青年和原住民企业家。派往印度的代表团中还加入了许多印度裔加拿大商人。代表团的多样性突出了加拿大的包容、开放与发达，也强调了与特定国家建立在移民基础上的双边关系。此外，高校校长、记者以及艺术、文化和旅游业的推动者也是代表团的随行成员。在加拿大国家队的带领下，各个行业的资源和力量被政府整合，"多对多"交流代替了传统的"少对多"宣传。③

除了签署实际的商业合同和合作协议，"加拿大国家队"也致

---

① DFAIT, "Visit to China and Hong Kong by Prime Minister Jean Chrétien and Team Canada, November 5 – 13, 1994: Background Information", 1994, p. 3, https://gac.canadiana.ca/view/ooe.b2662310E/3? r = 0&s = 1.

② Evan H. Potter, "Canada and the New Public Diplomacy", International Journal, Vol. 58, NO. 1, 2003, p. 60.

③ Rachel Maxwell, "The Place of Arts and Culture in Canadian Foreign Policy", Ottawa: Canadian Conference of the Arts, 2007, p. 31.

力于在特定国家给发展商业和双边关系创造友好环境。首先，大规模的国家经贸代表团既突显了诚意与信任，也激发了普通民众的兴趣。2001 年克雷蒂安率多达 600 名商人的代表团二次访华，引起各大媒体竞相报道，而与此同时举办的如加拿大食品节等文化活动提高了加拿大在中国的存在感。其次，面对面的接触扩大了两国人民对彼此的了解，孕育了彼此的善意。如加拿大商人和拉美商人通过交流发现二者有减少对美国依赖的共同需要，进而认识到双边贸易是实现该目标的机会。① 最后，因地制宜的活动策划彰显了加拿大的亮点，使加拿大崭露头角。如当代表团在面对日本民众时，无论举办人文活动还是商业宴会，无一不着力突出加拿大的科技优势。②

在"加拿大国家队"对加拿大的宣传中，教育业占有重要的一席之地。教育业是在 1998 年代表团前往拉丁美洲和 1999 年前往日本的访问中人数占比位列第三和第二的领域。③ 加拿大是世界上第五大留学生接待国，但在 20 世纪 90 年代早期面临被澳大利亚夺走市场份额的风险。1995 年，为了有针对性地推销加拿大的海外教育服务，克雷蒂安政府以资助的方式成立了一家独立公司，即加拿大教育中心网。④ 在订阅和收费的基础上，该中心帮助加拿大的公立

---

① "Planning Ahead with Team Canada: International Trade Minister Sergio Marchi Discusses the Success in Latin America and Where the Mission May Go Next", Plant, Apr. 20, 1998. Cited in Matthew Goldstein, "Canada: Economic Development under NAFTA, Dominant Economic Player under FTAA", Law and Business Review of the Americas, Vol. 7, NO. 1, 2001, p. 192.

② Evan H. Potter, "Canada and the New Public Diplomacy", International Journal, Vol. 58, NO. 1, 2003, pp. 61 – 62.

③ International Trade Canada, "January 1998: Team Canada Mission to Mexico, Brazil, Argentina and Chile", Nov. 20, 2002, https://web.archive.org/web/20050208225710/http://www.tcm-mec.gc.ca/mex98-en.asp.; International Trade Canada, "September 1999: Team Canada Mission to Japan", Nov. 29, 2002, https://web.archive.org/web/20051025183924/http://www.tcm-mec.gc.ca/japan99-en.asp.

④ DFAIT, "Canadian Education and Training Services", 1999, Vol. 5, p. 29, https://gac.canadiana.ca/view/ooe.b3454733E/314?r=0&s=1.

和私立教育机构推广产品与服务。随着代表团踏上不同的大陆，加拿大教育中心也在当地陆续开设，仅 1998 年在拉丁美洲便成立了四家。这一政府计划的背后主要有三方面希冀：在文化层面上，教育专业知识的推广将鼓励两国学生和教育工作者进行更多交流，创造加拿大教育大国的形象；在经济层面上，加拿大培养高技能劳动力优势的展现将提升与他国长期合作伙伴关系的发展可能；在政治层面上，通过吸引主要贸易伙伴以及未来的商界和政界领导人接受加拿大的高质量教育，有望增进下一代决策者对加拿大的了解，间接地促成亲加政策。

此外，"加拿大国家队"在争取商业合作的同时，也力图体现加拿大尊重人权等独特的价值观。克雷蒂安表示，对于贸易和价值观，加拿大必须两者兼得。在快速工业化的世界，童工现象越来越普遍。当克雷蒂安于 1996 年访问印度、巴基斯坦、印度尼西亚和马来西亚时，13 岁的"解放儿童"组织创始人克雷格·柯伯格发起了一场亚洲巡回运动，并直接向克雷蒂安发出呼吁。受其影响，克雷蒂安在加拿大—印度商业委员会的演讲中公开谈到"童工的悲剧和对儿童的经济剥削"，并赞扬了一些加拿大公司坚持在进口商品的合同条款中禁止使用童工。[①] 但加拿大没有强硬地灌输自己的价值观，如克雷蒂安所言，与其他国家和人民的对话打破了壁垒，促进了对不同观点和意见的更大尊重与宽容。[②]

总之，政府高层带头、社会各界参与的"加拿大国家队"将贸易推广纳入更大规模的宣传运动，通过文化交流和教育项目营造商业友好

---

① Rosemary Speirs, "PM calls for action against child labor Thornhill activist sparks tough talk during Asian trade mission", Toronto Star, Jan. 14, 1996, https：//global. factiva. com/ha/default. aspx#. /!? &_suid = 163325038849608950 265026670872.

② "Trade mission not question of trade vs. rights, PM maintains", Kitchener Waterloo Record, Nov. 12, 1994, https：//global. factiva. com/ha/default. asp x#. /!? &_suid = 16332506088570221283699600 69327.

的环境，成功地将谋取经济利益与塑造国家形象有机结合，体现了公共外交的经济目的。一方面，经贸代表团帮助加拿大关键性中小型企业开拓了海外市场，切实地签订了金额庞大的商业订单，创造了大幅度增长的出口贸易额和工作岗位。另一方面，经贸代表团在目标国家的宣传运动既树立了加拿大理想技术合作伙伴和战略投资目的地的声誉，为与新兴经济体和经济大国的持续贸易打开大门，又提高了加拿大在国际上的知名度，激发了普通民众的善意，分享了加拿大多元宽容、追求人权的价值观。

（三）"渥太华进程"

非政府组织最先关注到杀伤人员地雷的危害，并促使国际社会加强重视。杀伤人员地雷因价格便宜、不易被清除等优势，在第二次世界大战和随后的冷战时期被广泛运用，给落后的发展中国家造成了人道主义灾难。国际上，红十字国际委员会自20世纪50年代以来便致力于提高人们对地雷破坏性的认识；来自40个非政府组织的50名代表在1993年的大会上组成了"国际禁止地雷运动"联盟，将各种各样的组织和倡导者团结到目标统一且唯一（即禁止杀伤人员地雷）的旗帜下。[1] 在加拿大国内，为推动加拿大在地雷议题上的立场，许多当地组织于1995年联合组成"地雷行动（加拿大）"，大量写信游说政府官员和发起民众请愿。尽管非政府组织的努力在国际范围内取得了一定成效，比如1980年联合国大会通过了《特定常规武器公约》以限制地雷的使用，但这类公约的禁雷力度有限。[2] 唯有主导军备的各国政府同意禁雷，非

---

[1] Maxwell A. Cameron, "Democratization of Foreign Policy: The Ottawa Process as a Model", Canadian Foreign Policy Journal, Vol. 5, NO. 3, 1998, p. 152.

[2] John English, "The Ottawa Process: Paths Followed, Paths Ahead", Australian Journal of International Affairs, Vol. 52, NO. 2, p. 122.

政府组织的想法才能转变为国际规范，① 因此，全面禁雷必须由政府牵头。

在国内外持续的禁雷运动中，加拿大逐渐坚定了对禁雷的态度，并萌生了展现全球领导力的雄心。通过与"地雷行动（加拿大）"的交流和协商，克雷蒂安时期的第一任外交部部长安德烈·奥列特意识到加拿大现行地雷政策的不足和国内民众对于禁雷的呼声，促使国防部暂停地雷出口，表达了对全面禁令的支持，由此开启地雷议题的政策窗口。② 而后，1996年继任外交部部长的阿克斯沃西认为安全目标应该根据人类的需求而非国家的需求来制定，提出了人类安全的新观念，并将地雷作为外交政策的优先事项。③ 阿克斯沃西注意到非政府组织的突出作用，指出非政府组织的努力可以支撑加拿大在国际上领导这一议题的能力，将以"地雷行动（加拿大）"为代表的非政府组织纳入政策商讨和联合国于1996年召开的《特定常规武器公约》审查会议的加拿大代表团。然而，禁雷议题在要求达成共识的传统平台——《特定常规武器公约》审查会议和联合国裁军会议——受到反对全面禁雷国家的阻碍而进展缓慢，亟需一条专门制定的快速通道。④ 因此，加拿大的首要目标是建立一个由志同道合国家组成的人道主义集团，通过与公民社会的密切合作来对抗美国等反对全面禁雷的大国，领导世界在传统平台之外达成全面禁雷共识，维护国际安全。其次，在推动全面禁雷的过程中，加拿大也希望将自身独特的价值观，包括追求和平、人权和法治以及阿克斯

---

① Peter Howard and Reina Neufeldt, "Canada's Constructivist Foreign Policy: Building Norms for Peace", Canadian Foreign Policy Journal, Vol. 8, NO. 1, 2000, p. 18.

② Brian W. Tomlin, "On a Fast – Track to a Ban: The Canadian Policy", Canadian Foreign Policy Journal, Vol. 5, NO. 3, 1998, p. 10.

③ Lloyd Axworthy and Sarah Taylor, "A Ban for All Seasons: The Landmines Convention and Its Implications for Canadian Diplomacy", International Journal, Vol. 53, NO. 2, 1998, p. 191.

④ Laurence Baxter and Jo – Ann Bishop, "Uncharted Ground: Canada, Middle Power Leadership, and Public Diplomacy", Journal of Public and International Affairs, Vol. 9, 1998, pp. 92 – 93.

第四章 辉煌期：克雷蒂安政府时期（1993—2003 年）

沃西提出的人类安全等，推广到全世界，树立充满人道主义的国家形象。

加拿大十分重视与非政府组织的合作。1996 年 5 月，《特定常规武器公约》审查会议的最后一天，加拿大联合"国际禁止地雷运动"和联合国等召开新闻发布会，表达全面禁止地雷的立场，这也标志着加拿大政府与非政府组织在禁雷议题上伙伴关系的开启。[1] 为了维持《特定常规武器公约》审查会议带来的禁雷势头，推动已经暂停出口的国家支持全面禁雷，加拿大决定在 5 个月后，于渥太华主持召开各国政府和非政府组织共同参加的国际地雷战略会议。在会议的筹备和举办期间，加拿大和非政府组织共同商议细节，并为会议宣传造势。会议原本设想所有与会者平等参与，但最终做出妥协，部分会议只对政府代表开放。尽管如此，战略会议最终吸引 50 个支持国家、24 个观察员国和 20 个非政府组织代表团，并有 15 个国家在官方代表团中加入了非政府组织成员，非政府组织的地位得到极大的提升。[2] 该会议创新了协商方式：各国将自行决定是否成为会议的参与者，唯有明确接受相应禁雷条款、志同道合的国家才会被邀请参会，从而保证会议不会被持异见者破坏。[3] 这样的会议程序不同于传统的外交程序，在国际社会中也引起了一些担忧与争议。然而，阿克斯沃西认为只有坚定的立场才能继续促进禁雷进程，他在战略会议的闭幕词中大胆提议与会者于 1997 年年底回到渥太华签署公约，由此开创快速达成协议的新外交通道，即"渥太华进程"。

在战略会议后，以加拿大为首的中小型国家组成的核心集团（包括

---

[1] Don Hubert, "The Landmine Ban: A Case Study in Humanitarian Advocacy", Providence: Thomas J. Watson Jr. Institute for International Studies, 2000, p. 17.

[2] Don Hubert, "The Landmine Ban: A Case Study in Humanitarian Advocacy", Providence: Thomas J. Watson Jr. Institute for International Studies, 2000, p. 18; Maxwell A. Cameron, "Democratization of Foreign Policy: The Ottawa Process as a Model", Canadian Foreign Policy Journal, Vol. 5, NO. 3, 1998, p. 158.

[3] Nicola Short, "The Role of NGOs in the Ottawa Process to Ban Landmines", International Negotiation, Vol. 4, 1999, pp. 493 – 494.

奥地利、比利时和挪威等）为达成公约设计了双轨制进程：第一轨道包括制定可行草案所需的系列会议，第二轨道包括寻求政治和外交支持的区域会议、协商和宣传活动。① 加拿大积极参与了这一进程的各个层面和各个渠道，保证谈判进程对任何人开放，同时不受任何限制。一方面，加拿大与核心集团的其他成员国密切合作，确保地雷议题在国际议程上的热度，协助在维也纳、波恩和布鲁塞尔相继召开的协商会议。另一方面，加拿大不仅使用传统的双边和多边外交渠道——总理克雷蒂安、外长阿克斯沃西、国会议员和驻外使团——来游说其他政府首脑，而且开展大型宣传活动，通过公众舆论向各国政府施加压力。外交部制作了2个视频和6个版本的通讯以协助非政府组织的游说工作，创立了专门的地雷议题网站——"安全通道"——以联合国所有语言实时播放相关会议的过程，在网络化的世界中增加影响。②

同时，在加拿大的支持下，以国际禁止地雷运动为代表的非政府组织在"渥太华进程"中更为活跃。他们首先将禁雷重新定义为人道主义议题，将焦点从军事安全转移到人类安全，从而呼吁国际社会增强人文关怀。③ 非政府组织利用自己在实地工作中积累的一手经验和数据等，发布有关受地雷影响最严重国家的系列报告，增进人们对受害国家和地雷危害的认识。基于地雷幸存者网络，他们用受害妇女和儿童的形象和回忆来体现地雷的残酷，唤起公众的同情，推动公约中列入幸存者援助条款。其次，他们统筹了全球范围内的宣传。"国际禁止地雷运动"在短短几年间，吸纳了遍及60多个国家的1000多个非政府组织加

---

① Robert J. Lawson, "Ban Landmines! The Social Construction of the International Ban on Anti-Personnel Landmines 1991–2001", Doctoral dissertation, Carleton University, 2002, pp. 231–232.

② Lloyd Axworthy and Sarah Taylor, "A Ban for All Seasons: The Landmines Convention and Its Implications for Canadian Diplomacy", International Journal, Vol. 53, NO. 2, 1998, p. 197.

③ Maxwell A. Cameron, "Global Civil Society and the Ottawa Process: Lessons from the Movement toBan Anti-personnel Mines", Canadian Foreign Policy Journal, Vol. 7, NO. 1, 1999, p. 87.

入到行列中。在商议公约草案的会议期间,他们举办了一系列学术、文化和媒体活动,强调全面禁雷的必要性和紧迫性。"国际禁止地雷运动"还主办了旨在发展各国当地非政府组织宣传能力的研讨会,并运用新的信息技术(传真和电子邮件等)在非政府组织和各国政府间建立支持者网络,协调当地和跨国的宣传运动,跟踪各国在"渥太华进程"方面立场的发展。① 他们很早就意识到媒体在宣传中的重要性,向世界上的一些著名报刊发起"致编辑信运动",获得《纽约时报》和《经济学人》等数十家媒体对全面禁雷的支持,赢得在报纸、杂志、广播和电视中的大量曝光,成功促进了"没有例外、没有保留、没有漏洞"理念的推广。② 此外,为了扩大"渥太华进程"的影响力,他们还邀请名人加入宣传行列。比如,在维也纳会议前夕,戴安娜王妃应邀访问安哥拉雷区,这一人道主义灾难不仅激发了戴安娜王妃的同情,使其全力投身禁雷运动中,媒体的密集报道也让禁雷议程博得高度关注和舆论支持。③

为争取尽可能多的国家加入公约,核心集团和非政府组织在举办第一轨道的系列会议时,也会发起面向媒体和各国代表的宣传活动。在布鲁塞尔会议召开期间,来自40多个国家的130多名"国际禁止地雷运动"代表在"比利时禁止地雷运动"的领导下,组织了一系列宣传运动,其中包括从巴黎到布鲁塞尔的骑行活动,地雷幸存者们推着载有抵抗"渥太华进程"的首脑鲍里斯·叶利钦和比尔·克林顿画像的人力车。同时,宣传运动也希望人们能直观感受地雷的存在:布鲁塞尔的市

---

① Robert J. Lawson, "Ban Landmines! The Social Construction of the International Ban on Anti-Personnel Landmines 1991-2001", Doctoral Dissertation, Carleton University, 2002, p. 239.

② Richard Price, "Reversing the Gun Sights: Transnational Civil Society Targets Land Mines", International Organization, Vol. 52, NO. 3, 1998, p. 621.

③ Gina E. Hill, "From Outside Contributors to Inside Participants: Exploring how NGOs Contribute to and Participate in Creating International Law Examining the Negotiations for the Ottawa Convention Banning Landmines and the Rome Statute of the International Criminal Court", Doctoral Dissertation, University of Ottawa, 2008, p. 265.

标"撒尿小童"雕像被穿上地雷受害者的服装，外交人员在进入会议大楼前被要求先穿过一片模拟雷区。① 而在"渥太华进程"的最后阶段，红十字国际委员会发布了一系列一分钟的短视频，追踪了一名女性地雷受害者从柬埔寨的小屋到渥太华会议签署地点的旅程，从而呼吁政府承担全面禁雷的责任。②

尽管以美国为首的一些国家试图以联合国裁军会议阻碍"渥太华进程"，但是全面禁雷在国际社会中获得了广泛的支持。宣传活动在受地雷影响更为严重的南方国家和追求人权的欧洲大陆大规模展开，公众的持续关注给各国政府造成了舆论压力，地雷问题甚至成为英国和法国的选举议题。1997年10月，"国际禁止地雷运动"荣获诺贝尔和平奖，更是为"渥太华进程"增添了砝码。于是，两条轨道的共同努力赢得了越来越多国家的支持，奥斯陆谈判在商讨奥地利草案的基础上达成了全面禁雷的共识。最终，各国于1997年12月重回渥太华，在阿克斯沃西代表加拿大签署公约后，121个国家相继在文件上签字。③

外交"快车道"——"渥太华进程"——仅用了14个月便达成了裁军领域第一个禁止世界范围内使用特定武器的公约，这一切得益于加拿大作为中等强国发挥的作用。在新一任外长阿克斯沃西的带领下，加拿大与志同道合的中小国组成联盟，与非政府组织通力合作，开展遍布

---

① Robert J. Lawson, "Ban Landmines! The Social Construction of the International Ban on Anti‑Personnel Landmines 1991‑2001", Doctoral Dissertation, Carleton University, 2002, pp. 256‑257.

② Robert J. Lawson, "Ban Landmines! The Social Construction of the International Ban on Anti‑Personnel Landmines 1991‑2001", Doctoral Dissertation, Carleton University, 2002, p. 295.

③ Lloyd Axworthy, "Navigating a New World: Canada's Global Future", Toronto: Alfred A. Knopf, 2003, p. 148. Cited in Gina E. Hill, "From Outside Contributors to Inside Participants: Exploring how NGOs Contribute to and Participate in Creating International Law Examining the Negotiations for the Ottawa Convention Banning Landmines and the Rome Statute of the International Criminal Court", Doctoral Dissertation, University of Ottawa, 2008, p. 123.

第四章　辉煌期：克雷蒂安政府时期（1993—2003年）　　133

全球的大规模游说和宣传活动。通过将全球公民社会政治化，"渥太华进程"塑造了反地雷的全球舆论，说服许多国家超越本国利益，也迫使主要反对力量妥协。加拿大运用公共外交这一武器，弥补了自身国力的不足，从冷战时期的协调者角色转变为领导者，既成功影响了国际和平与安全，又提升了加拿大的国际地位。加拿大跨越重重阻碍，坚定地推动全面禁雷，将反战的理念推广到全球各地，也使自身热爱和平的形象深入人心。此外，加拿大支持非政府组织在"渥太华进程"中的全面参与，展现了加拿大开放的民主传统，树立了治理典范。

（四）"上北部：加拿大在纽约"

加拿大在美国的低认知度使得针对美国的宣传成为当务之急。美国作为加拿大的近邻和盟国，一直是加拿大重要的经济伙伴。加拿大80%的出口目的地是美国，美国占加拿大外商直接投资的65%，与美经贸关系的发展对加拿大的经济有重要影响。[①] 20世纪90年代，《美加自由贸易协定》和《北美自由贸易协定》相继生效，加拿大对美国的贸易依赖进一步加深。[②] 然而，加拿大作为国家在美国的品牌形象并不尽如人意。加拿大在美国的文化中心几乎是隐形的：由于加美文化具有较高的相似性，加拿大的文化进入美国社会后较少引起美国人的关注；居住在美国的加拿大人并不少（仅在纽约就有十万之多），但他们不聚居在固定的区域内，不进行游行活动，"加拿大人"这一民族和国家身份的存在感较低。此外，美国媒体也没有积极广泛地报道边境以北，《华尔街日报》甚至在1995年发表了一篇社论，讽刺加拿大因为债务沦

[①] DFAIT, "Canada in the World – Canadian Foreign Policy Review – 1995", Feb., 1995, https://walterdorn.net/pdf/CanadaInTheWorld_1995.pdf.

[②] 范海洋：《90年代的加拿大与美国贸易关系》，《世界经济与政治》1997年第10期，第33页。

为"第三世界的荣誉成员"。① 因此，加拿大需要通过高调的营销活动，赢取美国对加拿大的关注，使美国意识到加拿大不仅是关键的贸易伙伴，也有其独特的文化和瑰宝。在提高认知度的基础上，加拿大也希望向美国展现自信、现代、多元和充满活力的形象，从而深化与美国的双边贸易关系以进一步刺激国民经济发展。

加拿大驻外使团的部分任务是在所在国推广加拿大的商业和文化，加拿大驻纽约总领事乔治·黑诺敏锐地察觉到加拿大形象推广的困境，规划并实施了推广战略。首先，黑诺领导团队确定了大规模宣传活动的地点和名称。纽约是美国的政治、经济和文化中心，它影响着许多重要决策的制定。而且在黑诺看来，纽约的影响力远远超出了其边界，它为全球舆论和偏好明确了方向。于是，这场文化营销闪电战的大本营便定于纽约中心区曼哈顿。领事馆的团队在活动名称的选择上也是颇费心思，力求达到引人注意同时简单易懂的效果。他们相继废弃了即边境以北的国家、第49以北（美加以北纬49度为界，同时领事馆也在第49街以北）、加拿大的献演期等名字，选择与著名的曼哈顿上西区和上东区近似的名称——"上北区"——来显示加拿大人也是纽约的重要组成部分，同时增加副标题"加拿大在纽约"以确保每个纽约人都能看懂。②

其次，黑诺构想了活动的主题和主要宣传工具。他围绕四个主题来构建加拿大的品牌形象："加拿大：稳定和发展"，表明加拿大人是模范世界公民；"加拿大：朋友和伙伴"，强调加拿大和美国是亲密的邻

---

① John R. MacArthur, "When Chrétien said his piece in New York", The Globe and Mail, Mar. 20, 1998, https：//global. factiva. com/ha/default. aspx#./!? &_suid = 16332670702160840927382091 0137.

② Brian Milner, "New York city is the apple of Canada's eye this season TAKING A BITE With the help of the federal government, Canadian arts groups are hoping to increase their international profile and corner a share of the U. S. market", The Globe and Mail, Sep. 30, 1998, https：//global. factiva. com/ha/default. aspx #./!? &_suid = 16332671967830194659353661 94942.

国、盟友和经济伙伴;"移动中的加拿大",暗示加拿大有牢固的经济基本面和先进的科技;"加拿大:激情与凉爽",指加拿大同时拥有热情多元的文化和凉爽宜人的气候。① 四个主题既突出了加拿大与美国的亲密关系,又展现了加拿大的经济与文化实力。领事馆在《纽约时报(周日版)》刊登了整整一个月的广告来为活动预热,并聘请了一家多伦多图形公司来设计活动的独特标志——加拿大的枫叶旗在绿色大苹果("大苹果"是纽约的绰号)的根茎上飘扬——以应用于海报、徽章和横幅。同时,领事馆还聘请了纽约的市场营销公司,专门将24页的宣传手册送往一百多家重要的跨国公司;另有5万份的手册则分发给博物馆和艺术组织提供的邮寄名单上的纽约人。② 通过成熟地运用宣传工具,领事馆高调地为"上北部:加拿大在纽约"造势。

由于预算有限,加拿大利用已规划好的现有活动,将原本独立的莎士比亚戏剧演员、音乐家、建筑师、作家和厨师等在纽约的活动统一归于"上北部:加拿大在纽约"5个月的上演期。5家加拿大大型文化机构和活动——加拿大文明博物馆、加拿大国家芭蕾舞团、加拿大建筑中心、加拿大国家美术馆、史特拉福戏剧节——计划在1998年秋冬前往纽约活动,使馆人员便以这些机构的活动为基础,打造整个加拿大文化季。③ 纽约成为高调文化输出的关键一站,加拿大国家芭蕾舞团十多年来首次在纽约亮相,史特拉福戏剧节于1998年11月首次在纽约举办。

---

① Evan H. Potter, "Branding Canada: Projecting Canada's Soft Power through Public Diplomacy", Montreal: McGill – Queen's University Press, 2009, p. 228.

② Brian Milner, "New York city is the apple of Canada's eye this season TAKING A BITE With the help of the federal government, Canadian arts groups are hoping to increase their international profile and corner a share of the U. S. market", The Globe and Mail, Sep. 30, 1998, https://global.factiva.com/ha/default.aspx#./!?&_suid=1633267196783019465935366194942.

③ Kevin O'Shea and Bernard Etzinger, "The Upper North Side: Canada in New York", Bout de papier, Vol. 16, NO. 2, 1999, p. 30. Cited in Evan H. Potter, "Branding Canada: Projecting Canada's Soft Power through Public Diplomacy", Montreal: McGill – Queen's University Press, 2009, p. 229.

此外，加拿大拍摄的电影也在纽约大学上映，加拿大特色菜肴则在曼哈顿的四季酒店推出。1998年9月—1999年2月的几乎每一天，使馆都赞助了至少一项在纽约开展的宣传活动。① 所有的活动都被打上"上北部：加拿大在纽约"的印记，极大地提升了"加拿大人"的存在感。

同时，使馆与纽约的伙伴、其他加拿大表演者和省级驻外办（如魁北克驻纽约办公室）友好合作，共同开展额外的活动，并将这些活动关联到"上北部：加拿大在纽约"的宣传中。使馆推出"边境之北"音乐系列，展现加拿大的音乐文化：在加拿大老牌云岭酒庄赞助下，组织了4场葡萄酒与古典音乐演奏会；在纽约地标性的音乐俱乐部"底线"和企业赞助商"鲜明的加拿大人"的支持下，举办了6场加拿大流行音乐和民谣演出。② 除了推广加拿大丰富的文化，使馆也致力于强调加拿大尖端的科技。位于多伦多的谢尔丹学院被誉为"动画界的哈佛"，其毕业生参与了如《侏罗纪公园》和《摩登原始人》等许多动画大片的制作。使馆组织了关于加拿大动画产业的会议，并邀请谢尔丹学院在佛罗伦萨古尔德大厅和电视广播博物馆展示其数字动画技术。③ 此外，"上北部：加拿大在纽约"还加入了一些主题严肃的讲座和政策研讨会，如在纽约大学开展关于人权的会议，讨论阿克斯沃西的人类安全理念等，来增加活动的影响力。在时间有限的文化季内，使馆将各种各样的活动集中展示，丰富了加拿大和加拿大人在美国的形象。

这场营销闪电战遇到的一大挑战是有限的公共外交预算。纽约作为

---

① Evan H. Potter, "Branding Canada: Projecting Canada's Soft Power through Public Diplomacy", Montreal: McGill‐Queen's University Press, 2009, p. 230.

② Evan H. Potter, "Branding Canada: Projecting Canada's Soft Power through Public Diplomacy", Montreal: McGill‐Queen's University Press, 2009, p. 229; Greg Sewell, "Canada, N. Y. ‐ Manhattan consulate turns up the heat promoting our culture in a hard to sell town", Toronto Star, Apr. 19, 1999, https://global.factiva.com/ha/default.aspx#./!?&_suid=16332674268820459097559451119 74.

③ "Sheridan stars in New York cinema push", The Hamilton Spectator, Jan. 21, 1999, https://global.factiva.com/ha/default.aspx#./!?&_suid=1633267539302015891539455313164.

世界上最大的媒体市场，营销费用昂贵，仅仅一块广告牌每年就需花费200万加元。领事馆从渥太华获得15万加元，从自己的预算中拿出7万加元，共举办了37场活动，并帮助推广了31场额外的活动。① 在竞争激烈的纽约，加拿大每场活动仅花费几千加元便获得了美国人的关注，达到了花小钱办大事的效果。

利用有限的活动资源和预算，加拿大对标明确的受众，综合现有的活动、纽约当地的加拿大人和各省驻外办等，组织了一系列声势浩大的宣传活动。尽管纽约瞬息万变，这5个月的推广只是昙花一现，但它展现了加拿大人在各个领域的活力，成功地吸引了纽约人的注意，让纽约人对加拿大有所了解，从而为建立加拿大身份奠定基础。使馆的政治经济关系和公共事务部负责人凯文·奥谢表示，加拿大的存在感显著提高，加拿大政治活跃、科技发达、文化多彩的形象也通过活动传递给了纽约的政治、经济和文化领袖。② 在此基础上，加拿大在纽约成为活跃且可靠的参与者，并将"上北部：加拿大在纽约"活动延续到2000—2001年和2001—2002文化季。

（五）"联想加拿大"

日本对加拿大的刻板印象推动联邦政府在日开展针对性宣传。在全球化的世界，加拿大一方面需要继续维持与美国的紧密合作，另一方面也要开拓其他新兴市场，摆脱对美国的过度依赖。日本无疑是加拿大的重要选择，它是加拿大在亚洲的主要盟友，也是加拿

---

① Greg Sewell, "Canada, N. Y. – Manhattan consulate turns up the heat promoting our culture in a hard to sell town", Toronto Star, Apr. 19, 1999, https：//global. factiva. com/ha/default. aspx#. /！? &_suid = 16332674268820459097559451111974.

② Evan H. Potter, "Branding Canada：Projecting Canada's Soft Power through Public Diplomacy", Montreal：McGill – Queen's University Press, 2009, p. 230.

大的第二大国家贸易伙伴，年贸易额超过 220 亿加元。① 日本致力于贸易自由化，加拿大也需要进一步增加出口贸易、打开国内市场，加强与日本的经济联系符合加拿大的利益需求。然而，加拿大在日本的经济地位在 20 世纪 90 年代有所下降，其在日本进口中所占的份额从十年前的近 4% 降至 2.3%，在日本的贸易伙伴排名中也从第 7 位降至第 13 位。② 加拿大企业似乎也更注重北美自由贸易区，而忽略了日本市场，导致加拿大在日本的形象多年来未曾改变，加拿大只被看作是"原材料的提供者"和"不错的旅游地"。③ 日本对加拿大的片面认知影响了两国的经济关系发展。因此，加拿大需要大型的宣传活动来重新塑造其在日本的形象，重新定位其在日本政治、商业、媒体和文化决策者心目中的地位，从而实现对外贸易的多元化、最大可能地挖掘对日双边贸易与投资关系的潜力。

　　为了避免盲目且无意义的宣传，加拿大政府首先需要明确日本对加拿大的现有印象。加拿大驻东京大使伦纳德·爱德华兹在 1998 年上任不久，便意识到加拿大在世界性的品牌战争中处于弱势地位。他在使馆内部筹备了一个品牌委员会，并委托开展涵盖 150 名日本人的研究，调查日本民众对加拿大的看法。④ 调查发现，95% 的受访者知道《绿山墙的安妮》的作者是加拿大人，但只有 9% 的

---

　　① International Trade Canada, "Team Canada Japan Results in ＄409 Million in Deals for Canadian Firms", May 6, 2004, https：//web.archive.org/web/20051025193948/http：//www.tcm-mec.gc.ca/99_09_16_TCJres-en.asp.

　　② John Wiebe, "It's now up to Ottawa to forge free trade with Japan", National Post, May 17, 2001, https：//global.factiva.com/ha/default.aspx#./!?&_suid=1633268905191014527167668178032.

　　③ DFAIT and Office of the Inspector General, "Evaluation of the Think Canada Festival in Japan：Final Report", June, 2002, appendix A. Cited in Evan H. Potter, "Branding Canada：Projecting Canada's Soft Power through Public Diplomacy", Montreal：McGill-Queen's University Press, 2009, p.232.

　　④ Evan H. Potter, "Branding Canada：Projecting Canada's Soft Power through Public Diplomacy", Montreal：McGill-Queen's University Press, 2009, p.232.

人表示加拿大是"一个拥有充满生机和令人兴奋的城市的国家",甚至只有3%的人认为加拿大是"高科技的发源地"。[1] 在注重数字技术的国度,加拿大被认为与进步创新等形象无关,这令爱德华兹颇受打击。同时,根据这项调查,日本认为自己是高度文明的国家,文化是唯一能吸引日本人兴趣的决定因素。[2] 因此,加拿大需要基于日本对加拿大历史和文化的部分了解,将商业和文化融合起来,转变日本对加拿大的固有认知,展现加拿大的多元形象,重振加拿大的品牌形象。

在正式开启大型宣传活动前,加拿大驻东京大使馆预先做了一些尝试。品牌委员会为1999年"加拿大国家队"到访日本制定了针对性的策略,通过强调加拿大作为高科技出口商的身份来重塑加拿大的形象,开拓新的合作领域。加拿大政府所释放的信息成功地被加拿大和日本的商界捕捉到,这也符合它们提高声望、增加业务往来的企业目标。两国的企业都极力支持加拿大继续在日本提高存在感,超过50家企业承担了随后开展的文化节近三分之一的花费。[3] 使馆也从联邦政府设立的特别基金,如国际商业发展项目和后倡议基金中得到了资金赞助。[4] 相比之前加拿大开展的公共外交项目,超出预期的预算使得使馆能够大施拳脚,全面提升活动的规模。

---

[1] Miro Cernetig, "Canada isn't working We're stuck with the same image we had 50 years ago. Worse, people around the world think our most innovative companies are American. Brand Canada is in crisis", The Globe and Mail, Apr. 27, 2001, https://global.factiva.com/ha/default.aspx#./!?&_suid=16332687375920112665 62509316058.

[2] Evan H. Potter, "Canada and the New Public Diplomacy", International Journal, Vol. 58, NO. 1, 2003, p. 61.

[3] Evan H. Potter, "Branding Canada: Projecting Canada's Soft Power through Public Diplomacy", Montreal: McGill – Queen's University Press, 2009, p. 235.

[4] Barbora Polachová and Magdalena Fitová, "Canadian Identity: Issues of Cultural Diplomacy (1993 – 2012)", TransCanadiana, Vol. 7, 2015, p. 89.

乘着"加拿大国家队"访日的余热,使馆发起了名为"联想加拿大"的盛会。加拿大工业部和其他政府部门在宣传材料上使用这一名称,组织者借此可以使用现成的宣传资料,并与现有的宣传运动创造协同效应。"联想加拿大"作为共同的主题贯穿不同领域的宣传活动,如"联想和平与安全""联想科学与技术"和"联想艺术与文化"等,使得各式各样的活动在一定的框架下共同助力对加拿大的宣传。爱德华兹表示,他希望日本人不论在购买农产品还是软件时,都能想到加拿大和加拿大人。①

"联想加拿大"致力于改变日本人将加拿大和落基山脉以及《绿山墙的安妮》相关联的刻板印象。使馆在2001年3月到7月的短短几个月间,于名古屋、福冈和大阪等启动了密集的200多个内容丰富的活动,通过集中展示来扩大加拿大的影响。② 为推广加拿大作为科技发达的工业化国家形象,使馆组织了一支载有各领域高管的"高科技车队",从4月16日至6月15日,这支车队在十个城市流动宣传加拿大的生物技术、信息技术、医疗保健和航空航天知识。③ 加拿大还派出了两艘海军舰艇停靠名古屋,展示加拿大在建造舰艇方面的技术实力。而在"联想艺术与文化"主题活动中,使馆邀请小说家玛格丽特·阿特伍德和前外长阿克斯沃西作为杰出

---

① Miro Cernetig, "Canada isn't working We're stuck with the same image we had 50 years ago. Worse, people around the world think our most innovative companies are American. Brand Canada is in crisis", The Globe and Mail, Apr. 27, 2001, https://global.factiva.com/ha/default.aspx#./!?&_suid=1633268737592011266562509316058.

② Evan H. Potter, "Branding Canada: Projecting Canada's Soft Power through Public Diplomacy", Montreal: McGill – Queen's University Press, 2009, p. 234.

③ "Canada aims to change image in Japan with huge festival", Kyodo News, Mar. 13, 2001, https://global.factiva.com/ha/default.aspx#./!?&_suid=16332692515770716481808888327.

的加拿大代表访问日本并发表讲话。① 加拿大还举办了电影节、美食节、住房展等，安排国宝级艺术团体太阳马戏团和女高音歌唱家娜塔莉·夏高到日本表演。这些活动吸引了成千上万日本民众的注意，仅在加拿大使馆的开放日就接待了2000名访客，创下了加拿大驻外使馆访问量的纪录。② 通过内容丰富的多领域活动，加拿大希望打造一个全新的形象。

为推动加拿大和日本的双边关系，整个"联想加拿大"活动进行了精心设计。使馆邀请了囊括日本宪仁亲王和亲王妃以及商界高级成员等35名日本代表的理事会来参与活动，既为活动增加了威望和可信度，也使活动更因地制宜。③ 加拿大也着力宣传加日的友好关系：当时恰逢加拿大安大略省米西索加市和日本爱知县刈谷市结谊20周年，庆祝活动被列入"联想加拿大"的官方活动中。米西索加市长带领该市议员前往刈谷市进行交流，参加以米西索加市命名的公园的落成仪式，并捐赠加拿大艺术家的雕塑作品。④ 此外，加拿大意识到日本文化中十分重视人际交往，因此在对各类活动进行广泛宣传的同时，加拿大也强调面对面的交流和联系，以日本人习惯的处事方式与他们打交道。

不同于"上北部：加拿大在纽约"，私人企业的慷慨赞助使得

---

① "Canada aims to change image in Japan with huge festival", Kyodo News, Mar. 13, 2001, https：//global. factiva. com/ha/default. aspx#./!?&_suid = 163326925157707164818088888327.

② Evan H. Potter, "Branding Canada：Projecting Canada's Soft Power through Public Diplomacy", Montreal：McGill – Queen's University Press, 2009, p. 235.

③ DFAIT and Office of the Inspector General. "Evaluation of the Think Canada Festival in Japan：Final Report", June, 2002, appendix A, exhibit 11. Cited in Evan H. Potter, "Branding Canada：Projecting Canada's Soft Power through Public Diplomacy", Montreal：McGill – Queen's University Press, 2009, p. 235.

④ Mike Funston, "Mayor leads six on trip to Japan—Mississauga marks twinning of communities", Toronto Star, Mar. 15, 2001, https：//global. factiva. com/ha/default. aspx#./!?&_suid = 16332695140730301285899501456.

"联想加拿大"成为密集而规模空前的宣传活动。根据加拿大外交部在2002年对这场文化节所做的评估，尽管许多方面有待改进，如活动想要传递的关键信息过于繁杂，"联想加拿大"还是成功地深入日本民众中，将加拿大的科技先进、擅于创新、文化发达的优势传达给日本的政治和经济精英，迈出了重塑加拿大品牌的重要一步。加拿大没有止步于此，它随后便在另一新兴市场——印度——举办同样以"联想加拿大"命名的大型宣传活动。

（六）"轻松连接加拿大"

互联网的飞速发展为各国更迅速更广泛地开展公共外交提供了机会。二战后，第三次工业革命推动信息技术实现飞跃，以互联网和新的数字技术为主导的新媒介在20世纪90年代得到广泛传播。互联网从1983年的500台主机成倍增长到2001年的1亿多台主机，在多达214个国家中运行，世界各国被更紧密地联系在一起。[1] 而外交归根结底建立在收集与传播信息的基础上，传统外交囿于形式和程序的限制，参与者获得的信息有限且模糊。在此背景下，约瑟夫·奈于1996年提出信息权力的概念，他认为国家应该鼓励使用新技术来接触国内外受众。[2] 互联网相比报刊、广播和电视等传统媒体，能够打破时间和空间的限制，在短时间内传播大量信息，迅速增强国家的存在感，甚至建立一个全球性的信息网络，因此成为各国开展公共外交的新工具。

加拿大的信息技术优势为政府利用这类新工具改善国际形象提供了平台。加拿大作为中等强国，迅速地适应了信息时代，在运用

---

[1] Evan H. Potter ed., "Cyber – diplomacy: Managing Foreign Policy in the Twenty – first Century", Montreal: McGill – Queen's University Press, 2002, p. 4.

[2] Joseph S. Nye Jr. and William A. Owens, "America's Information Edge", Foreign Affairs, Vol. 75, NO. 2, 1996, p. 36.

第四章　辉煌期：克雷蒂安政府时期（1993—2003 年）

信息技术方面走在各国政府前列。加拿大外交部十分重视信息技术领域，它于 1999—2000 财政年度在该领域投资超过 1 亿加元，比 5 年前多了 1 倍，且外交部下属的信息管理和技术局是该部规模最大的部门。① 同时不可否认的是，在后冷战时代，世界对加拿大的印象和加拿大的自我认知存在较大的落差。1997 年，安格斯里德研究所开展了一项国际调查，只有不到 1% 的德国人和日本人将加拿大与电信或其他技术产品相联系，半数以上的人对加拿大的印象停留在 20 世纪。② 在美国启动的"上北部：加拿大在纽约"和日本的"联想加拿大"都是为了改善加拿大的形象，但这些活动只是针对特定的国家，接触的海外民众范围也有限。因此，在信息时代，加拿大希望在互联网的技术支持下，统筹加拿大驻外使团的宣传工作，扩大传统公共外交有限的接触面，并将加拿大的各方面信息更完整、更鲜活地呈现给国外受众，从而在世界范围内树立明确一致的加拿大形象。

加拿大及时地转变工作方式，先在互联网上创造了一定的官方存在。通过 SIGNET 和 MITNET 计算机网络，加拿大联通了政府部门和海外办事处，协调各部门的运作。在 2000 年，联邦政府发起了"线上政府"倡议，力图成为首个提供电子化政务服务的国家。③ 外交部与文化遗产部、工业部和公民及移民部等联邦部门协调合作，建立了统一的国际门户，为感兴趣的民众提供丰富的相关信

---

① Gordon Smith and Allen Sutherland, "The New Diplomacy: Real–Time Implications and Applications", in Evan H. Potter ed., "Cyber–diplomacy: Managing Foreign Policy in the Twenty–first Century", Montreal: McGill–Queen's University Press, 2002, p. 162.

② Angus Reid Group, "Canada and World, 1997", 1997. Cited in Evan H. Potter, "Information Technology and Canada's Public Diplomacy", in Evan H. Potter ed., "Cyber–diplomacy: Managing Foreign Policy in the Twenty–first Century", Montreal: McGill–Queen's University Press, 2002, pp. 181–182.

③ Evan H. Potter, "Branding Canada: Projecting Canada's Soft Power through Public Diplomacy", Montreal: McGill–Queen's University Press, 2009, p. 165.

息。它一方面将护照、领事服务等加拿大人需要的关键服务放在官网上，服务于国内民众，另一方面改善非加拿大人（外国游客、商业伙伴和学生等）对特定项目的线上访问体验，利用互联网把加拿大和世界联系在一起。① 电子政府展现了加拿大成熟的政府运作，建立了数字时代的良治模范。

加拿大抓住信息时代的机遇，继续面向非加拿大人开展网络外交。任职于外交部下属传播局的达瑞尔·柯普兰当时提出了一个建立国际传播框架的建议，传播局在2001年便推出了"推广加拿大海外倡议"，在互联网上为世界接触加拿大打开窗口。该倡议的口号是"轻松连接加拿大"，与"联想加拿大"有异曲同工之妙，都能被灵活应用于各个领域，且整合不同领域的活动。这一计划围绕六个主题——迷人的、文明的、有竞争力的、有创造力的、充满关怀的和国际性的——展开，致力于突出加拿大的现代特质。② 传播局制作了一份活页册，涵盖演讲模板、趣闻、现成的网络模块文件和其他利于公共宣传的工具，分发给加拿大在世界各地的驻外使团。各地使团再结合当地的政治文化和媒体环境，开展推广加拿大的活动。此外，传播局还设计了一个密码保护的网站，上传了许多更新及时的专题资料、录像资料和照片等，加拿大驻外使团可以根据需要随时下载使用，以便用于后续的宣传工作。③ 互联网提高了驻外使团的工作效率，推动加拿大轻松地将自己的历史、文化与现代成就呈现给海外民众。

然而，加拿大通过互联网向世界推销的尝试也遇到了一些阻碍。

---

① Evan H. Potter, "Information Technology and Canada's Public Diplomacy", in Evan H. Potter ed., "Cyber‐diplomacy: Managing Foreign Policy in the Twenty‐first Century", Montreal: McGill‐Queen's University Press, 2002, p. 190.

② DFAIT, "Promoting Canada Abroad", June, 2002, https://gac.canadiana.ca/view/ooe.b4014625E/1? r=0&s=1.

③ DFAIT, "Promoting Canada Abroad", June, 2002, https://gac.canadiana.ca/view/ooe.b4014625E/1? r=0&s=1.

首先,"推广加拿大海外倡议"需要多部门通力合作,比如塑造"加拿大是有竞争力的工业化国家"应由工业部负责,宣传"加拿大是国际性的发达国家"则归属于文化遗产部。各部门之间的共同行动免不了产生摩擦与矛盾,就会削弱宣传的效果。其次,互联网也为地方政府以独立的形象与海外交流提供了便利,不利于加拿大展现统一的国家形象。魁北克省政府成为了联邦政府有力的竞争对手,它甚至提供了20世纪90年代后期加拿大官方信息西班牙语版本的主要内容。① 最后,该倡议的口号"轻松连接加拿大"由于文化差异也引起了一些争议。比如,驻中国使馆就放弃了使用这一口号,担心人们会从"cool"一词联想到"冰冷的",而非"新潮的"或"轻松的"。②

"推广加拿大海外倡议"是加拿大在新世纪重新定位自身形象的新尝试。加拿大敏锐地意识到新媒介的兴起,并大胆地将互联网与公共外交相结合,利用互联网及时高效的优势传播加拿大的正面信息。尽管在实际运作中不乏面临一些困难,"轻松连接加拿大"还是实现了口号中提及的部分目标,辅助加拿大驻外使团开展宣传工作,帮助感兴趣的海外民众更容易地接收到与加拿大有关的官方内容,并围绕六个话题推广加拿大的立体形象。

(七)"外交政策电子对话"网站

公共外交不仅有对外的维度,也有对内的维度。公共外交一般集中于一国政府与他国民众进行交流与沟通的行为,但不意味着本

---

① Evan H. Potter, "Information Technology and Canada's Public Diplomacy", in Evan H. Potter ed., "Cyber‐diplomacy: Managing Foreign Policy in the Twenty‐first Century", Montreal: McGill‐Queen's University Press, 2002, p. 189.

② Jozef Bátora, "Public Diplomacy in Small and Medium‐sized States: Norway and Canada", Hague: Netherlands Institute of International Relations Clingendael, 2005, p. 10.

国民众不属于公共外交的行为者和利益相关者。公共外交可以分为国内和国外两个方面,形成双向循环:国家提供平台与本国民众的价值观建立联系,帮助本国民众了解世界,从而更好地向世界展示自己的国家,增强在外的软实力;反过来这也为其在国内的威望添砖加瓦,增加其在国内的吸引力,利于加强国家认同感。[1] 随着全球化的发展和公民社会的崛起,公共舆论对一国外交政策的影响越来越大,外交不再是政府的专利,因此,各国也更加重视本国公民在外交政策中的参与度。

加拿大人日益下降的政治参与度推动政府创造性地运用互联网吸引民众讨论外交政策。加拿大一向追求外交决策过程的公开透明,鼓励加拿大人参与探讨国际事务。1995年《世界中的加拿大》白皮书便是建立在1994年公众参与的国际关系全国论坛的基础上,该文件明确指出加拿大将建立必要的机构和机制以确保加拿大人系统性地参与外交政策的各个方面,比如举办年度外交政策论坛和在外交部内建立政策磋商机制等。[2] 在白皮书的指导下,外交部积极地为加拿大人提供政治参与的平台。然而,根据一项全国调查,加拿大人的政治参与热情似乎一直在减弱,一年中只有大约八分之一的加拿大人曾联系报纸或政客表达他们对某一问题的看法。[3] 传统的政策讨论途径似乎不再受加拿大人欢迎,联邦政府遂将目光转向互联网。加拿大是20世纪末互联网最普及的国家之一,克雷蒂安通过校园网和社区接入计划等项目,让几乎所有的加拿大人都能接触

---

[1] Ashvin Gonesh and Jan Melissen, "Public Diplomacy: Improving Practice", Hague: Netherlands Institute of International Relations *Clingendael*, 2005, pp. 7 - 8.

[2] DFAIT, "Canada in the World - Canadian Foreign Policy Review - 1995", Feb., 1995, https://walterdorn.net/pdf/CanadaInTheWorld_1995.pdf.

[3] Statistics Canada, "2003 General Social Survey on Social Engagement, Cycle 17: An Overview of Findings", Jul., 2004, p. 12, https://www150.statcan.gc.ca/n1/pub/89 - 598 - x/89 - 598 - x2003001 - eng.pdf.

第四章　辉煌期：克雷蒂安政府时期（1993—2003 年）

到互联网，建立了全国范围内使用互联网的基础。① 因此，在 21 世纪，加拿大希望创新民众政治参与的途径，通过互联网更直接地与民众接触，激励加拿大人参与政策讨论，扩大政府与民众的磋商范围，建立更紧密的联系。通过了解本国民众对加拿大国际形象的期待，联邦政府可以优化外交行为，从而更好地将加拿大推销给世界。

外交部创造性地推出了互联网结合线下参与的外交政策讨论形式。克雷蒂安政府在 1994 年进行了外交政策审议，在《世界中的加拿大》中提出外交政策的三大支柱。而在这十年间，世界发生了显著变化，加拿大依据评估现状，及时调整外交政策。外交部部长比尔·格雷厄姆自 2002 年上任后，便开始考虑新的外交政策审议规划。他认为，外交政策需要公民的参与来确保能够体现加拿大的价值观和利益，这在"9·11"事件后尤为重要。② 因此，他于 2003 年启动了从 1 月 22 日持续到 5 月 1 日的外交政策对话活动。为推动讨论，外交部分发了一万多份由格雷厄姆撰写的 18 页《对话文件》，概述了当前外交政策的优先事项，并对加拿大应支持的优先事项和价值观提出了问题。③ 除了线下的市民大会、专家圆桌会议和听证会等，加拿大民众被邀请通过线上双语网站参与磋商，或者将书面建议邮寄到外交部官方邮箱。④ 加拿大外交部成为第一个运用在线电子互动平台邀请民众参与外交政策

---

① Jean Chrétien, "My Years as Prime Minister", Toronto: Vintage Canada, 2008, p. 224.

② "Canadian Foreign Ministry launches foreign policy review", Xinhua News Agency, Jan. 22, 2003, https://global.factiva.com/ha/default.aspx#./!?&_suid=16332722180190508782294233857.

③ DFAIT, "A Dialogue on Foreign Policy: Report to Canadians", 2003, p. 3, https://gac.canadiana.ca/view/ooe.b366319xE/1?r=0&s=1.

④ Allan Thompson, "Minister wants input on foreign policy", The Hamilton Spectator, Jan. 23, 2003, https://global.factiva.com/ha/default.aspx#./!?&_suid=16332724180900840508806293558.

协商的外交部门。

　　这一电子对话网站遵循一定的守则，要求加拿大人在合理的表达范围内参与讨论。外交部与多伦多的一家社会媒体发展公司合作，由该公司负责网站的设计与维护。网站要求所有注册使用者必须通过点击"我同意"来保证遵守参与原则，而该原则是由运营者依据曾经主持在线讨论空间的经验制定的。参与者必须为自己发布的任何信息负责，帖子内容需要紧扣外交政策，并接受先审核后发布的流程。① 15 名来自大学生社区的志愿者担任网站的审核员（他们的发言不代表外交部部长或外交部立场），并且预先接受培训，学习根据相应的标准通过或拒绝发布帖子的申请。② 这样的运作方式既尊重了个人的言论自由，也尽可能接近倾听与交流的本意。

　　该电子对话网站内容丰富，为感兴趣的加拿大人提供了便利自由的表达平台。使用者可以从网站上下载关于协商进程的大量资料，包括专家会议的播客和每周摘要，以及加拿大外交的相关资料。③ 网站主要由两个板块组成，参与者可以自由选择用英语或法语进行交流。外交部在《对话文件》中围绕外交政策"三大支柱"，提出了关于加美关系、加拿大与中印等新兴国家关系和加拿大在国际组织中扮演的角色等 12 个基本问题，第一个板块便是邀请公民回答这些问题。在第三支柱方面，外交部提出了四个问题："加拿大应该继续在世界各地提倡人权、民主和尊重多样性以及性别平等——

---

① A. Christie Hurrell, "Civility in Online Discussion: The Case of the Foreign Policy Dialogue", Canadian Journal of Communication, Vol. 30, NO. 4, 2005, p. 636.

② A. Christie Hurrell, "Civility in Online Discussion: The Case of the Foreign Policy Dialogue", Canadian Journal of Communication, Vol. 30, NO. 4, 2005, p. 637.

③ Jozef Bátora, "Public Diplomacy in Small and Medium – sized States: Norway and Canada", Hague: Netherlands Institute of International Relations Clingendael, 2005, p. 11.

类的价值观吗?""如果是,那么最好的方法是什么?""加拿大是否应该寻找机会促进全球跨文化对话和不同信仰间的相互理解?""对于加拿大来说,向国外推广其文化和经验的最好方法是什么?"。①"对话"意味着外交部希望了解加拿大人是如何看待本国的文化与价值观,也意味着外交部承认加拿大民众可能会提出更有效的对外宣传方式。第二个板块则是按主题分组的自由讨论区,参与者可以在五个广泛的主题——"三大支柱""安全""繁荣""价值观与文化""结论:我们想要的世界"下展开讨论,也可以自己创建与外交有关的新主题。②

基于对话的公共外交让公民直接参与外交政策讨论,创造了惊人的效果。该网站获得了近150万的点击量和超过6万次的访问,网站上的文件下载量超过2.8万次。③ 2000人通过注册直接参与论坛讨论,对相关问题的回复大约有3500多条。④ 所有政策讨论最终汇总为《外交政策对话:向加拿大人报告》,并于2003年6月发表。加拿大政府深入了解了加拿大人对现行外交政策第三支柱和未来政策方向的真实看法,比如许多参与者认为加拿大应该加强第三支柱的建设,推出更加综合协调的政策,同时更新加拿大的国际形象,更明确加拿大想要向世界投射的文化和价值观。⑤ 这些意见和

---

① DFAIT, "A Dialogue on Foreign Policy: Report to Canadians", 2003, p. 17, https://gac.canadiana.ca/view/ooe.b366319xE/19? r=0&s=1.

② A. Christie Hurrell, "Civility in Online Discussion: The Case of the Foreign Policy Dialogue", Canadian Journal of Communication, Vol. 30, NO. 4, 2005, p. 636.

③ A. Christie Hurrell, "Civility in Online Discussion: The Case of the Foreign Policy Dialogue", Canadian Journal of Communication, Vol. 30, NO. 4, 2005, pp. 636 - 637; DFAIT, "A Dialogue on Foreign Policy: Report to Canadians", 2003, p. 3, https://gac.canadiana.ca/view/ooe.b366319xE/1? r=0&s=1.

④ Evan H. Potter, "Branding Canada: Projecting Canada's Soft Power through Public Diplomacy", Montreal: McGill - Queen's University Press, 2009, p. 167.

⑤ DFAIT, "A Dialogue on Foreign Policy: Report to Canadians", 2003, pp. 17 - 20, https://gac.canadiana.ca/view/ooe.b366319xE/19? r=0&s=1.

建议也将为政府未来的工作思路提供方向。

近四个月的外交政策对话在全国范围内掀起了围绕特定主题的知情讨论热潮，加拿大人感到自己对国家事务拥有发言权。电子对话平台则帮助加拿大政府建立与民众的双向对话机制，形成一定的共识，同时也让加拿大民众的声音更容易被听到，降低了加拿大民众表达看法的成本和难度。加拿大政府因而在国内树立了开放、民主和良治的模范政府和社会形象，这一形象增强了加拿大民众的国家认同感，反过来也有利于对外宣传加拿大的优势。这次活动的成功激励外交部进一步制度化线上磋商网站，推动其成为定期的公众讨论模式，其中包括2004年11月建立的更为永久、定期更新话题的"国际政策电子讨论"网站。

三、总结与评价

冷战的终结、信息时代的发展和软实力地位的提升，为加拿大创造了焕然一新的国际环境。在克雷蒂安政府的带领下，加拿大转变了参与国际社会的方式，更为鲜明地追求全新的品牌形象。这一时期，克雷蒂安政府熟练地运用公共外交工具，如经贸代表团和加拿大文化节等，力求在短期内提升他国民众对加拿大的认识，长期内塑造良好的经济和政治合作关系。克雷蒂安政府的努力获得了显著成效，加拿大在建立品牌形象上迈出了坚实的一步。辉煌期的公共外交实践对21世纪的宣传活动主要有四点启发：首先，政府应该预先确立系统性的国家形象。在对外宣传的过程中，各部分国家形象相得益彰，使其更为立体。其次，政府应该明确开展公共外交的国际受众，在有所调研的基础上传递因地制宜的清晰信息，过于繁杂的信息容易削弱宣传的效果。再次，公民社会是公共外交的重要参与者。政府应该注重与非政府组织和民众的通力合作，通过伙伴关系提升公共外交的规模。最后，互联网是传统公共外交工具的有益补充。在21世纪，政府应该利用先进的信息技术更多地探索新公共外交，扩大宣传的接触面，提升影响力。

第五章　曲折发展期：史蒂芬·哈珀政府时期（2006—2015年）

2006年，保守党党魁史蒂芬·哈珀正式当选为加拿大第22任总理。他面临着一个多极化趋势进一步深化、全球经济竞争更加激烈、互联网技术发展日新月异的世界。加拿大公共外交尽管在此时期遭到冷遇，但并未完全销声匿迹，而是缩窄了发展轨道。此时期的公共外交主要围绕两点目标进行：打造加拿大经济品牌，扩大加拿大的国外市场；广泛利用社交媒体等数字平台，推动"数字外交"的发展。为了提高加拿大对国外市场的吸引力，加深目标市场国家与加拿大的经济合作，哈珀政府组织了一系列宣传运动，包括针对加拿大油气资源、教育资源、旅游资源以及贸易自由化的宣传，其中跨度最长、最引人注目的便是"拱心石XL输油管道项目"。项目宣传了加拿大的经济品牌，提升了加拿大的整体形象。乘着数字技术发展的浪潮，哈珀政府还以数字平台为窗口直接与国外民众交流互动，加拿大驻奥地利使馆和加拿大驻华使馆开展的数字外交是较有代表性的成功案例。另外，哈珀政府还提出了"马斯科卡倡议"，它并非哈珀政府的重点工程，但展示了加拿大积极参与全球卫生健康治理的大国形象。总之，在哈珀执政的十年间，加拿大公共外交的发展步伐放缓、发展轨道窄化，但它在打造加拿大经济品牌和融合数字技术这两方面有了新突破。

第五章　曲折发展期：史蒂芬·哈珀政府时期（2006—2015 年）

一、背景与目标

　　经济发展一直是哈珀政府的施政重心之一。为了应对经济多极化、新兴市场快速发展的经济环境，哈珀一再强调发展自由开放的国际贸易环境，加深加拿大与新兴市场国家的经济联系，实现加拿大的经济利益。与整体形象相比，加拿大的"经济品牌"问题较为严峻，加拿大急需彰显自己的经济优势以及良好的投资环境，[①] 因此传统的文化外交项目被削减，而有利于打造加拿大经济品牌的宣传活动则得到重视。在哈珀政府时期，对加拿大影响极深的自由主义价值观遭到哈珀政府的批评，被克雷蒂安政府确定为"加拿大外交政策第三支柱"的公共外交的地位也一落千丈，[②] "了解加拿大：加拿大研究"等传统文化外交项目预算骤减甚至趋于销声匿迹，[③] 而公共外交的范围多被限制在了打造加拿大经济品牌、促进加拿大经济繁荣的宣传活动上。主要的宣传活动包括在美国对"拱心石 XL 输油管道项目"的宣传、以吸引国际留学生为目的对本国教育资源的宣传，以及为了促进《全面经济贸易协定》等的签署而开展的宣传。

　　另外，抓住互联网 2.0 时代的机遇，利用数字平台接触更多国外民众也是这个时期加拿大公共外交的主要目标。互联网时代从

[①] Evan Potter, "The Evolving Complementarity of Nation – Branding and Public Diplomacy: Projecting the Canada Brand Through 'Weibo Diplomacy' in China", Canadian Foreign Policy Journal, Vol. 24, NO. 2, 2018, p. 228.

[②] Stephen Brooks, "Promoting Canadian Studies Abroad: Soft Power & Cultural Diplomacy", Washington: Palgrave Macmillan, 2019, pp. 20 – 21.

[③] Michael K. Hawes, "'We're Back': Re – imagining Public Diplomacy in Canada", Nicholas J. Cull and Michael K. Hawes eds., "Canada's Public Diplomacy", Palgrave Macmillan, 2021, p. 14.

1.0到2.0的跨越对社会生活的方方面面都产生了革命性的影响，公共外交也不例外。在互联网1.0时代，加拿大政府的数字公共外交以建立展示窗口为主要手段，伴有为数不多的信息交流服务。例如，克雷蒂安政府创建了"加拿大国际"网站，网站内展示了加拿大贸易投资、移民政策、国际关系、文化身份等国际受众感兴趣的内容；[1] 另外，2004年外交部建立了"外交政策电子对话"网站，为加拿大政府了解加拿大民众对国际问题以及外交政策的看法提供了一个互动平台。然而，随着互联网技术发展，网络社交媒体、数字平台如雨后春笋般纷纷崛起，这对公共外交的发展既是机遇也是挑战。一方面，互联网尤其是社交媒体的用户规模迅速扩大，民众掌握了更大的话语权，一国政府能够以网络为平台将信息传递给更多的国外受众，并更有效地影响对象国的政策；另一方面，民众获取信息的能力提高，政府公信力受到质疑，民众更倾向于相信非官方的更具有"真实性"的信息。[2] 因此，如何更有效地通过数字外交影响更多的国外民众、如何在互联网2.0时代打造加拿大的经济品牌并提升自由民主价值观的影响力就成了哈珀政府在公共外交方面需要面对的主要问题之一。

二、决策与实践

为了达成以上目标，加拿大政府发起了一系列宣传活动，其中最有代表性的是"拱心石XL输油管道项目"。加拿大还利用社交媒体开展数字外交，其中加拿大驻奥地利使馆和加拿大驻华使馆分别

---

[1] Evan H. Potter, "Branding Canada: Projecting Canada's Soft Power through Public Diplomacy", Montreal: McGill–Queen's University Press, 2009, p.165.

[2] Evan H. Potter, "Three Cheers for 'Diplomatic Frivolity': Canadian Public Diplomacy Embraces the Digital World", in N.J. Cull and M.K. Hawes eds., "Canada's Public Diplomacy", Palgrave Macmillan, 2021, p.62.

与两国民众在数字媒体上进行交流互动。另外,加拿大还发起了"马斯科卡倡议",在全球卫生健康治理方面迈出了重要一步。

(一) 拱心石 XL 输油管道项目

2008年,加拿大能源和天然气公司"横加公司"提出"拱心石 XL 输油管道项目"建设计划,目的是将合成原油以及加拿大阿尔伯塔省油砂田所产出的稀释沥青运输至美国境内。该计划在 2010 年得到了美国南达科塔州公共设施委员会的批准,随后得到了加拿大能源委员会的批准,且从阿尔伯塔省到美国伊利诺伊州的管道线路铺设完毕。然而,许多美国的环保主义者对此计划的批评声始终存在。2012年,奥巴马否决了该项目的执行。与此同时,为了保护加拿大的经济利益,哈珀将推动该计划顺利执行列入任职期间的重点项目之一。为了获取美国政策制定者对"拱心石 XL 输油管道项目"的支持,以及提高加拿大油气资源对海外市场的吸引力,哈珀政府发起了一场宣传活动。

2013年,加拿大政府拨款 160 万美元用于向美国宣传"拱心石 XL 输油管道项目"的支出,不久之后,政府又将宣传计划延长到 2015年,财政拨款也随之增加到 2400 万美元。[①] "拱心石 XL 输油管道项目"的停滞不前是宣传活动的直接起因,但政府以一种更迂回婉转、且目标更长远的策略向美国民众展开了宣传。政府的招标文件显示,它们期望广告内容能够"保卫加拿大能源的名誉免受美国和欧洲一些以反对油砂相要挟的极端组织和法律制定者的损害",

---

[①] Alexander Panetta, "Canada's bill for oil ads in the US: $24M over two years", The Canadian Press, Mar. 22, 2015, https://www.ctvnews.ca/business/canada-s-bill-for-oil-ads-in-the-u-s-24m-over-two-years-1.2291840.

因此，向美国投放的广告并未提及拱心石输油管道，①而是着重宣传加拿大与美国的深厚友谊以及加拿大稳定安全的能源供应。②广告投放渠道包括美国华盛顿的公交车站和地铁、各种纸媒以及互联网；印刷广告出现在《经济学人》《纽约时报》《华尔街日报》《福布斯》以及欧亚地区多种出版物上。互联网广告投放大部分集中在谷歌，共设置了250多个触发广告的关键词（包括"拱心石""加拿大石油""阿尔伯塔省石油""油砂"），人们只要在谷歌搜索这些关键词就能看到投放的宣传广告。③

这场宣传活动的效果似乎不尽人意。加拿大政府发起的调查显示，尽管绝大部分华盛顿的调查对象表示看到了广告，但只有11%的调查对象认为这些广告是关于拱心石输油管道的，而17%的调查对象认为这些广告只是在宣传加拿大和美国作为盟友和能源伙伴的关系。④哈德逊研究所的美加关系专家克里斯特佛·桑兹坦白地指

---

① Alexander Panetta, "Canada's bill for oil ads in the US：＄24M over two years", The Canadian Press, Mar. 22, 2015, https：//www.ctvnews.ca/business/canada-s-bill-for-oil-ads-in-the-u-s-24m-over-two-years-1.2291840.

② Sophia Harris, "＄24M ad campaign for Keystone pipeline had little impact：survey", CBC News, Aug. 21, 2014, https：//www.cbc.ca/news/business/24m-ad-campaign-for-keystone-pipeline-had-little-impact-survey-1.2742079.

③ Alexander Panetta, "Canada's bill for oil ads in the US：＄24M over two years", The Canadian Press, Mar. 22, 2015, https：//www.ctvnews.ca/business/canada-s-bill-for-oil-ads-in-the-u-s-24m-over-two-years-1.2291840.

④ Sophia Harris, "＄24M ad campaign for Keystone pipeline had little impact：survey", CBC News, Aug. 21, 2014, https：//www.cbc.ca/news/business/24m-ad-campaign-for-keystone-pipeline-had-little-impact-survey-1.2742079.

出:"(广告传达的信息)过于偏向加拿大风格,且太礼貌而不明显了。"① 广告内容指向的模糊不清或许是活动失败的原因之一,但美国民间环保组织对于反拱心石输油管道的宣传活动恐怕也"功不可没"。2011年开始,国际气候环保非政府组织"350"开始动员美国农牧场主、土著群体以及环保主义者发起对"拱心石 XL 输油管道项目"的抗议,并致力于提高环境议题在关于输油管道项目的讨论中的显著度。2011年至2012年间,"350"组织了数次抗议游行,向政府表达了他们对该项目的坚决反对。迫于舆论压力,奥巴马于2012年否决了"拱心石 XL 输油管道项目"。2014年,他们在国家广场以"拒绝和保护"为口号发起了以"牛仔和印第安人"为主题的大规模抗议游行,并最终影响了白宫的决定。②

总体来说,哈珀政府的"拱心石 XL 输油管道项目"宣传活动代表了此时期加拿大公共外交的发展主流趋势——打造"经济品牌",谋求经济利益。但是,由于宣传过程中信息的含混不清,以及美国民间环保组织声势浩大的抗议活动,这场宣传运动没能有效扭转美国民众对加拿大油气资源以及拱心石管道项目的负面态度,拱心石管道项目也未能在哈珀任期内得到美国政府的批准。

(二)数字外交

为了更好地发挥互联网的优势,培植加拿大的正面形象,以及营造一个更有利于加拿大发展的国际舆论环境,加拿大政府积极利

---

① Sophia Harris,"＄24M ad campaign for Keystone pipeline had itle impact:survey", CBC News, Aug. 21, 2014, https://www.cbc.ca/news/business/24m-ad-campaign-for-keystone-pipeline-had-little-impact-survey-1.2742079.

② Ben Adler,"The Inside Story of the Campaign That Killed Keystone XL", Vox, Nov. 7, 2015, https://www.vox.com/2015/11/7/9684012/keystone-pipeline-won.

用推特、脸书、微博等社交媒体与国外民众展开广泛的交流互动。加拿大的数字外交在此时期主要包括加拿大驻外使馆中的外交官针对国外民众开展的外交活动，加拿大驻奥地利使馆和加拿大驻华使馆的数字外交活动尤为出彩。①

1. 加拿大驻奥地利使馆的数字外交

加拿大驻外使馆是连接加拿大与对象国的重要纽带，起着增强两国沟通了解的重要作用。在互联网 2.0 时代，加拿大驻外使馆将社交媒体与传统的公共外交相结合，在数字外交方面走在了世界前列。加拿大驻美国大使馆是将社交媒体融入公共外交活动的先行者之一，其在脸书和油管上开展的"连接加拿大"项目触及了 80 多万的美国民众，②但真正标志着加拿大开始将社交媒体全方位融入外交活动的是加拿大驻奥地利大使馆在脸书上的大胆尝试。所谓"全方位融入"，就是要保证社交媒体官方频道上的内容"与加拿大政府和外交部的所有政策保持同步"，具体来说，包括"所有内容须以英法两种语言发布""将社交媒体频道入口嵌入加拿大使馆官方网页并使两者内容风格统一""按照加拿大政府社交媒体使用政策具体操作"。③由于奥地利的脸书用户量及用户群体符合加拿大开

---

① Evan H. Potter, "Three Cheers for 'Diplomatic Frivolity': Canadian Public Diplomacy Embraces the Digital World", in N. J. Cull and M. K. Hawes eds., "Canada's Public Diplomacy", Palgrave Macmillan, 2021, p. 69.

② Evan H. Potter, "Three Cheers for 'Diplomatic Frivolity': Canadian Public Diplomacy Embraces the Digital World", in N. J. Cull and M. K. Hawes eds., "Canada's Public Diplomacy", Palgrave Macmillan, 2021, p. 69.

③ Evan H. Potter, "Three Cheers for 'Diplomatic Frivolity': Canadian Public Diplomacy Embraces the Digital World", in N. J. Cull and M. K. Hawes eds., "Canada's Public Diplomacy", Palgrave Macmillan, 2021, p. 70.

第五章　曲折发展期：史蒂芬·哈珀政府时期（2006—2015年）

展数字外交的需求，① 且加拿大驻奥地利大使敏锐地意识到了社交媒体是提高加拿大形象必须填补的空白，加拿大驻奥地利使馆就成为了加拿大在互联网2.0时代的公共外交试点之一。

2011年9月，加拿大驻奥地利使馆开通了脸书和推特账号，这不仅是为了检验采用社交媒体是否可以有效提高对加拿大的宣传效果，也是为了打破奥地利人对加拿大的刻板印象——"居住着优秀强壮的曲棍球运动员的广袤之地"，提高加拿大教育资源、环保产业对奥地利的吸引力，② 从而实现加拿大的经济利益。社交媒体的一大亮点是信息即时且相对真实，外交人员在使用社交媒体传递加拿大政治、经济、文化、社会相关信息时需要思考如何在官方信息和非官方信息之间达到平衡，例如，外交人员的个人经历或体验固然比官方报道更加真实、吸引受众，但这对外交人员又是一种挑战。2011年以来，加拿大驻奥地利使馆的社交媒体频道在内容设置上相对保守，主要以转发联邦政府官方账号所发布的内容、发布有关加拿大贸易推广以及发生在奥地利的文化活动等有关内容为主。③

加拿大驻奥地利使馆将社交媒体全方位融入公共外交活动的尝试极大地提高了加拿大在奥地利的可见度。使馆的脸书账号粉丝量从2012年8月的83个④增长至2021年8月的3.3万多个，且已经

---

① Evan H. Potter, "Three Cheers for 'Diplomatic Frivolity': Canadian Public Diplomacy Embraces the Digital World", in N. J. Cull and M. K. Hawes eds., "Canada's Public Diplomacy", Palgrave Macmillan, 2021, p. 70.

② Evan H. Potter, "Three Cheers for 'Diplomatic Frivolity': Canadian Public Diplomacy Embraces the Digital World", in N. J. Cull and M. K. Hawes eds., "Canada's Public Diplomacy", Palgrave Macmillan, 2021, p. 71.

③ Evan H. Potter, "Three Cheers for 'Diplomatic Frivolity': Canadian Public Diplomacy Embraces the Digital World", in N. J. Cull and M. K. Hawes eds., "Canada's Public Diplomacy", Palgrave Macmillan, 2021, p. 72.

④ Evan H. Potter, "Three Cheers for 'Diplomatic Frivolity': Canadian Public Diplomacy Embraces the Digital World", in N. J. Cull and M. K. Hawes eds., "Canada's Public Diplomacy", Palgrave Macmillan, 2021, p. 72.

收获了超过3万个"赞"。

2. 加拿大驻华使馆的数字外交

相比于加拿大驻奥地利使馆的尝试，加拿大驻华使馆对社交媒体的运用似乎更具有前瞻性和创新性。中国是加拿大重要的移民来源国、教育和旅游市场之一，但在2011年，加拿大面向中国民众的公共外交项目十分有限。面对缺乏联邦政府的官方支持、缺乏对中国民众的整体认识、缺乏资金投入、缺乏联邦政府其他部门的配合等多重阻力，加拿大驻华使馆凭借"良好的判断力"在2011年6月开通了微博官方账号。① 这实质上是加拿大互联网2.0时代数字外交的第一个倡议，② 比加拿大驻奥地利使馆的脸书行动还要早3个月。

微博是中国最受欢迎的社交媒体平台之一，2011年其用户量就多达3亿，且加拿大驻华使馆发现，中国用户将微博视为发布"即时新闻""值得信赖"的平台，③ 因此，在驻华使馆看来，微博是向中国民众展示加拿大丰富的教育和旅游资源，乃至于宣传加拿大的文化及价值观的理想平台。为了最大化微博的传播优势，驻华使馆以"通俗、多元、透明、有趣"④ 为标准设置发布内容，内容主要

---

① Evan Potter, "The Evolving Complementarity of Nation – Branding and Public Diplomacy: Projecting the Canada Brand Through 'Weibo Diplomacy' in China", Canadian Foreign Policy Journal, Vol. 24, NO. 2, 2018, p. 11.

② Evan Potter, "The Evolving Complementarity of Nation – Branding and Public Diplomacy: Projecting the Canada Brand Through 'Weibo Diplomacy' in China", Canadian Foreign Policy Journal, Vol. 24, NO. 2, 2018, p. 10.

③ Evan Potter, "The Evolving Complementarity of Nation – Branding and Public Diplomacy: Projecting the Canada Brand Through 'Weibo Diplomacy' in China", Canadian Foreign Policy Journal, Vol. 24, NO. 2, 2018, p. 8.

④ Evan Potter, "The Evolving Complementarity of Nation – Branding and Public Diplomacy: Projecting the Canada Brand Through 'Weibo Diplomacy' in China", Canadian Foreign Policy Journal, Vol. 24, NO. 2, 2018, p. 8.

涵盖三类：加拿大在中国的活动（文化活动、访问等）、使馆新闻（大使、开放参观、活动等）以及加拿大相关讯息（节日、旅游、美食和经济等）①。通过发布这些内容，使馆宣传了加拿大旅游、留学以及商业"梦之地"的美名。

另外，加拿大驻华使馆还通过微博更轻松地介入敏感话题的讨论、潜移默化地宣传加拿大价值观。例如，2011年12月7日，使馆在其官方微博发布的加拿大驻华大使马大维的公务用车———一辆低调的丰田凯美瑞———的照片被数千名中国网民转发，引起广泛讨论。加拿大《环球邮报》的记者观察到，中国《环球时报》就以使馆的这条影响广泛的微博为契机引出了当时比较敏感的公务用车规格问题。②可见，在微博上，加拿大驻华使馆可以通过发布非正式的内容灵活地介入甚至引起敏感话题的讨论，并借机展示加拿大价值观，寻求外国民众的共鸣、认同。

加拿大驻华使馆对微博的应用被誉为加拿大在数字外交领域"最持久、最突出"的成就。③使馆官方微博开通两年后已经拥有了近57万粉丝，截至2021年8月其粉丝量已达到257万，收获了超过183万的转发、评论及点赞。2014年，两名学者在对使馆微博内容进行了文本分析后，发现加拿大驻华使馆官方微博成为了一个"成功地向中国本地民众传播加拿大信息"的平台，而且，"这种集中在低争议领域的相对真实的交流加深了中国民众对加拿大的理解

---

① Evan Potter, "The Evolving Complementarity of Nation-Branding and Public Diplomacy: Projecting the Canada Brand Through 'Weibo Diplomacy' in China", Canadian Foreign Policy Journal, Vol. 24, NO. 2, 2018, p. 9.

② Mark Mackinnon, "In de-coding Class in China, cars are your best clue", Globe and Mail, Jan. 30, 2012, https://www.theglobeandmail.com/news/world/worldview/in-de-coding-class-in-china-cars-are-your-best-clue/article621158.

③ Evan Potter, "The Evolving Complementarity of Nation-Branding and Public Diplomacy: Projecting the Canada Brand Through 'Weibo Diplomacy' in China", Canadian Foreign Policy Journal, Vol. 24, NO. 2, 2018, p. 10.

和认可"。①

(三)"马斯科卡倡议"

尽管哈珀政府的公共外交政策重心是打造加拿大的经济品牌，但其还提出了"标志性"② 的"马斯科卡倡议"，以在全球卫生健康治理中积极发挥领导力。

2010年，加拿大主办了八国集团（G8）峰会并提出了"马斯科卡倡议"，该倡议很快被会上各国领导人采纳，G8各国承诺在5年内共投入50亿美元用以保障欠发达国家孕产妇、新生儿及儿童的卫生健康，加拿大承担约20%的资金投入（11亿美元）。该倡议还得到了荷兰、挪威、新西兰、韩国、西班牙、瑞士盖茨基金会和联合国基金会的支持，③ G8国家和这些国家、组织承诺在5年内的总投入高达73亿美元。④ 为了保证倡议落地、促进资金良好运转，哈珀总理主导成立了信息和问责制委员会。

为了完成倡议目标，加拿大与10个国家（阿富汗、孟加拉国、埃塞俄比亚、海地、马拉维、马里、莫桑比克、尼日利亚、南苏丹、坦桑尼亚）开展了双边项目，支持受助国的医疗体系建设。在多边领域，加拿大资助了世界微量元素倡议组织、全球疫苗免疫联

---

① Evan Potter, "The Evolving Complementarity of Nation – Branding and Public Diplomacy: Projecting the Canada Brand Through 'Weibo Diplomacy' in China", Canadian Foreign Policy Journal, Vol. 24, NO. 2, 2018, p. 10.

② Rebecca Tiessen, "'Walking Wombs': Making Sense of the Muskoka Initiative and the Emphasis on Motherhood in Canadian Foreign Policy", Global Justice: Theory Practice Rhetoric, Vol. 8, NO. 1, 2015, p. 74.

③ "G8 Muskoka Declaration Recovery and New Beginnings", June 2010, p. 3, https://www.mofa.go.jp/policy/economy/summit/2010/pdfs/declaration_1006.pdf.

④ Government of Canada, "Projects under the Muskoka Initiative Partnership Program", https://www.canada.ca/en/news/archive/2011/09/projects-under-muskoka-initiative-partnership-program.html.

盟、全球抗艾基金会等非政府组织。除此之外,哈珀政府还资助了28个国内组织,与之一同为降低孕产妇、新生儿和儿童的死亡率而努力。[1] 除了资助新项目的11亿美元之外,哈珀政府还在已有的项目中投入了17.5亿美元,因此,截至2015年,哈珀政府为保护全球孕产妇、新生儿及儿童健康共投入了28.5亿美元。[2] 2014年,加拿大在多伦多举行"拯救每一个妇女和儿童:触手可及"峰会,承诺在2015年到2020年再提供35亿美元,继续改善孕产妇、新生儿和儿童的健康问题。

与此时期其他的公共外交活动相比,"马斯科卡倡议"似乎没有强烈的"哈珀风格"。[3] 虽然"马斯科卡倡议"获得了联合国秘书长潘基文的盛赞,[4] 但一些学者指出这项政策没有包含堕胎安全方面的举措,忽视了孕产妇死亡率高的根本原因——妇女和女童的生育权得不到保障,[5] 还有些学者批评该倡议未能重视孕产妇之外女性群体

---

[1] Rebecca Tiessen, "'Walking Wombs': Making Sense of the Muskoka Initiative and the Emphasis on Motherhood in Canadian Foreign Policy", Global Justice: Theory Practice Rhetoric, Vol. 8, NO. 1, 2015, pp. 78 – 80.

[2] Government of Canada, "Formative Evaluation of Canada's Contribution to the Maternal, Newborn and Child Health Initiative", https://www.international.gc.ca/gac – amc/publications/evaluation/2016/eval_mnch – smne.aspx?lang = eng#summ.

[3] Gerald Caplan, "Harper's maternal – health goals are good, but not nearly enough", The Globe and Mail, May 30, 2014, https://www.theglobeandmail.com/news/politics/harpers – maternal – health – goals – are – good – but – not – nearly – enough/article18930599/.

[4] Stephanie A. Nixon, Kelley Lee, etc., eds., "Canada's Global Health Role: Supporting Equity and Global Citizenship as a Middle Power", Lancet, Vol. 391, NO. 10131, pp. 1736 – 1748, https://www.ncbi.nlm.nih.gov/pmc/articles/PMC7138077/.

[5] Alison Auld and Michael MacDonald, "Canada Wants Flexible Approach to G8 Plan on Maternal and Child Health", Canadian Press, April 28, 2010. Cited in Rebecca Tiessen, "'Walking Wombs': Making Sense of the Muskoka Initiative and the Emphasis on Motherhood in Canadian Foreign Policy", Global Justice: Theory Practice Rhetoric, Vol. 8, NO. 1, 2015, p. 75.

的权益保护，不能有效推动性别平等。①

三、总结与评价

在哈珀执政期间，加拿大公共外交主要受经济动机驱动，文化外交受到冷落，而宣传活动及数字外交成为主流。整体来看，这种策略对打造加拿大的经济品牌或许起到了一定程度的作用，在此期间加拿大与欧盟、中国等重要市场组织及国家颇有进展的经济合作关系都是切实的证据。然而，正如一些批评者指出的那样，加拿大在此期间与亚太地区国家达成的六个经济协议的价值难以与加美贸易额相提并论，少数的面向美国的宣传活动也是效果不佳，因此这种策略脱离了整体潮流和美国的政治现实。② 加拿大文化品牌的倒退以及过度强调经济利益的宣传活动是此时期没能达成外交目标的主要因素，这促使小特鲁多政府以"加拿大回来了"为口号重点提振加拿大文化及价值观在世界舞台上的影响力。然而，毋庸置疑的是，哈珀政府大力发展的数字外交也为小特鲁多政府进一步探索数字技术在公共外交中的应用打下了根基。

---

① Lee Berthiaume, "Harper's Maternal, Child Health Speech 'Political Opportunism': Stephen Lewis", Embassy, Feb. 3, 2010. Cited in Rebecca Tiessen, "'Walking Wombs': Making Sense of the Muskoka Initiative and the Emphasis on Motherhood in Canadian Foreign Policy", Global Justice: Theory Practice Rhetoric, Vol. 8, NO. 1, 2015, pp. 78 – 80.
② Michael K. Hawes, "'We're Back': Re – imagining Public Diplomacy in Canada", in Nicholas J. Cull and Michael K. Hawes eds., "Canada's Public Diplomacy", USA: Palgrave Macmillan, 2021, p. 21.

第六章　贾斯汀·特鲁多政府时期
（2015 年—）

　　2015 年，贾斯汀·特鲁多以"加拿大回来了"为竞选口号击败了执政 9 年的保守党政府。面对势头迅猛的跨国数字平台、一个更强势的美国以及加拿大衰落的国际形象，小特鲁多政府重整公共外交，致力于重塑加拿大的"文化品牌"，提高加拿大文化产业的国际竞争力；使公共外交重回自由国际主义轨道，打造加拿大的国际主义形象；积极利用数字技术，最大化公共外交活动可触达的受众范围。"数字时代中的加拿大内容"全国咨询活动让联邦政府意识到了在数字时代推动加拿大文化产业走出去、在全球彰显加拿大文化价值的重要性。随后，文化遗产部在《创意加拿大政策框架》下推行"创意出口战略"，资助加拿大媒体基金以推动加拿大内容数字化，不仅让加拿大创意产业找到了更多国际观众，促进了创意经济的发展，而且通过数字技术增强了加拿大文化的辐射力。参议院认识到，这些文化外交活动虽富有成效但缺乏全面性和策略性，于是在 2019 年审查了加拿大文化外交政策，文化外交由此获得了"加拿大外交政策支柱之一"的定位。另外，加拿大还高调施行了"女权主义国际援助政策"，将"推动性别平等，为妇女和女童赋权"确定为加拿大国际援助的核心，直接资助落后地区的女性组织，力图树立本国注重性别平等、关注第三世界发展的国际主义形象。

一、背景与目标

以"加拿大回来了"为竞选口号,小特鲁多在 2015 年联邦大选中成功组建多数党政府,结束了保守党长达 9 年的领导,加拿大沉寂已久的公共外交事业迎来了新的曙光。小特鲁多执政以来,加拿大公共外交主要由三个目标驱动:重塑加拿大文化品牌,提高加拿大文化产业在全球市场中的竞争力;重回自由国际主义轨道,打造加拿大的国际主义形象;积极利用数字技术,为加拿大赢得更多国际民众的理解与喜爱。

首先,重塑保守党执政期间衰落的"文化品牌",提高加拿大文化产业的国际竞争力与影响力是此时期文化外交的重要目标。保守党总理哈珀执政期间,每年约 500 万加元的对外文化交流资金被削减为 0,文化外交遭受重大挫折。小特鲁多上台以后,力图推动文化产业"走出去",以重振加拿大文化的全球影响力,并实现加拿大的经济利益。因此,加拿大文化遗产部推行了一系列政策,促进加拿大文化内容的挖掘与传播,推动加拿大文化产品在全球市场中找到更多受众。这些文化外交活动主要关注加拿大如何在全球数字文化产业竞争中取得优势、增进利益,缺少指导性的外交策略与目标。意识到这个问题后,参议院对加拿大文化外交政策进行了审查,提出联邦政府应该为文化外交——加拿大外交政策的一大支柱——做出一个全面、系统的规划。

其次,小特鲁多政府致力于使公共外交重回自由国际主义轨道,打造加拿大的国际主义形象。小特鲁多政府的外交政策强调加拿大传统的自由国际主义价值观,甚至有学者视之为"皮尔逊主义"的回归。[1] 与前任保守党政府对全球议题漠不关心、反复强调本国经济及军事利益的外交风格不同，小特鲁多政府积极关注气候变化、难民、性别不平等全球治理难题。在公共外交方面，小特鲁多政府力图打造加拿大的国际主义形象。其接收叙利亚难民的承诺堪称公共外交的一次胜利。[2] 更引人关注的是，加拿大还推行了"女权主义国际援助政策"，资助欠发达地区的女性组织，树立关注性别平等、具有人道主义关怀的国家形象。

最后，积极利用数字技术，使加拿大得到更多国际民众的理解与喜爱也是小特鲁多政府发展公共外交的重要考量。哈珀政府对数字技术与公共外交的融合——特别是对社交媒体的应用——已经进行了一些有益探索。小特鲁多政府吸取了前任政府的经验，积极利用社交媒体扩大公共外交的受众范围。例如，2016年至2017年间，外交部使用500多个社交媒体账号向全球网民发布加拿大的外交动态，推特账号发布共计11万多条，收获了超过130万次网民的转发、点赞、评论；脸书账号发布共计7.4万多条，收获超500万次转发、点赞、评论。[3] 除此之外，小特鲁多政府还更重视应对数字时代中文化产业激烈的竞争。随着跨国数字平台崛起，加拿大文化传播所依赖的广播体系受到挑战，为了在数字时代提高加拿大文化在全球范围内的显示度，小特鲁多政府积极将数字技术与文化外交活动相融合，推动加拿大数字文化产业的发展。

---

[1] Peter McKenna, "Opinion: Trudeau World Revert to Classic Pearsonian Foreign Policy", The Herald, Oct. 8, 2015. Cited in Daryl Copeland, "Is Canada 'Back'? Engineening a Diplomatic and International Policy Renaissance", in N. J. Call and M. K. Hanes eds., "Canada's Public Diplomacy", Palgrave Macmitlan, 2021, p. 37.

[2] Michael K. Hawes, "'We're Back': Re-imagining Public Diplomacy in Canada", in N. J. Cull and M. K. Hawes eds., "Canada's Public Diplomacy", US: Palgrave Macmillan, 2021, p. 22.

[3] Global Affairs Canada, "2016-17 Departmental Results Report", 2017, https://www.international.gc.ca/gac-amc/publications/plans/drr-rrm/drr-rrm_1617.aspx?lang=eng.

二、决策与实践

为了达成重塑加拿大文化品牌、打造加拿大的国际主义形象、在数字时代中使加拿大得到更多国际民众的理解与喜爱这三个目标，小特鲁多执政至今，加拿大主要开展了数字时代中的文化外交以及女权主义公共外交。

（一）数字时代的文化外交

数字革命改变了文化传播的介质与形式，文化产业、创意经济在全球范围内的飞速发展为一国的文化品牌或文化软实力赋予了新的内涵。为了兑现让加拿大"重返世界舞台"的诺言，小特鲁多政府致力于提高加拿大文化产业在全球市场中的可见度与吸引力，推动加拿大文化向外辐射，使加拿大在全球文化市场中取得竞争优势，增进国外民众对加拿大的好感。参议院还对文化外交政策进行了系统性的审查，明确了文化外交作为加拿大外交政策重要支柱的地位，并建议加拿大政府推行更系统、更有效率的文化外交策略。

1. 以"数字世界中的加拿大内容"为主题的全国咨询

2016—2017年，为了提高数字时代中的加拿大文化在国内、国际市场的竞争力和影响力，加拿大文化遗产部以"数字世界中的加拿大内容"为主题发起了全国咨询。

随着数字技术的飞速发展以及油管、奈飞等跨国数字平台的迅猛崛起，加拿大文化产品在国内和国外市场的传播遇到了挑战。多年以来，加拿大的文化传播体系始终围绕着国内广播系统，然而，网络已经成为绝大多数加拿大人消费文化产品的首选平台，调查显示，加拿大人在网络平台上消费的加拿大内容占比较少。① 而且，加拿大联邦成立 150 多年来，加拿大政府审查文化产业的发展以"确保加拿大文化在加拿大的独特性和可得性"的任务②也变得尤为紧迫。相似的是，加拿大文化产业在国际市场上的表现同样不尽如人意。加拿大文化遗产部部长认为加拿大文化产业在国际市场竞争力不足、影响力较弱的根源并非创造力不足，而是在数字平台上的传播力度不够。③ 为了增强加拿大文化在国内及国外的影响力，"向国内和国外民众展现一个独特的加拿大视角"，并提高加拿大文化产业在国内和全球市场中的竞争力，维护"创造者、文化产业利益相关者、加拿大公民"在创造性经济中的利益，④ 加拿大政府广泛征求加拿大民众的意见，对加拿大文化产业的发展情况进行了审查与调研。

2016 年 4 月，加拿大文化遗产部部长乔美兰直言加拿大之前的文化政策在数字时代已经"破败不堪"，无法帮助加拿大价值 370 亿美元的文化产业应对挑战、抓住机遇，因此，她宣布将对加拿大文化产业与政策开展详尽地审查与调研。审查内容包括广播、电信、版权方

---

① Daniel Leblanc, "Going digital is Cancon's biggest challenge, Heritage minister says", The Globe and Mail, Sep. 12, 2016, https：//www.theglobeandmail.com/news/politics/going‐digital‐is‐cancons‐biggest‐challenge‐heritage‐minister‐says/article31840822/.

② Canadian Heritage, "What We Heard across Canada：Canadian Culture in a Digital World", Feb. 21, 2017, p. 3, https：//www.canadiancontentconsultations.ca/system/documents/attachments/82eb44ca377ab94e80535ee617d129c8841dab18/000/005/629/original/PCH‐DigiCanCon‐Consultation_Report‐EN.pdf.

③ Daniel Leblanc, "Going digital is Cancon's biggest challenge, Heritage minister says", The Globe and Mail, Sep. 12, 2016, https：//www.theglobeandmail.com/news/politics/going‐digital‐is‐cancons‐biggest‐challenge‐heritage‐minister‐says/article31840822/.

④ Canadian Heritage, "What We Heard across Canada：Canadian Culture in a Digital World", Feb. 21, 2017, p. 3, https：//www.canadiancontentconsultations.ca/system/documents/attachments/82eb44ca377ab94e80535ee617d129c8841dab18/000/005/629/original/PCH‐DigiCanCon‐Consultation_Report‐EN.pdf.

面的立法；播送加拿大内容的广播、电视平台的收费规定；针对书籍、期刊、音乐、影视媒体行业的资助主体和项目；关键公共媒体机构（例如加拿大广播公司）。① 为了使调研建立在民意的基础上，文化遗产部还调研了文化产业相关代表的意见，并聘请了益普索广泛征求加拿大文化产品创作者、文化产业利益相关方以及普通民众的想法。

　　益普索的咨询过程充分体现了数字媒体与民主的融合。在咨询调研过程中，益普索提出了三个供参与者思考的核心问题：（1）你认为一个能够支持创作者、尊重公民选择的文化体系应该是什么样的？（2）我们应该怎样在数字时代中提升加拿大的创造力并利用加拿大现有资源建立起一个强大的民主国家？（3）我们应如何支持加拿大的艺术家、内容创作者和文化创业者，并创造一个有利于他们发展、使国内的中产阶级受益且能帮助他们接触到国外市场的文化生态环境？② 益普索主要开通了三个收集观点的渠道：线下活动、网络端口以及社交媒体分析窗口。益普索邀请文化产业利益相关方参与线下活动，鼓励他们就行业发展进行对话并收集对话参与者的反馈。在网络上，人们可以通过"分享你的观点""加拿大故事"及"更多想法"三个端口表达对三个核心问题的看法，讲述有关加拿大文化内容的故事，并提交简短的反馈乃至长篇表述。另外，在社交媒体上民众可以在"#

---

① Charles H. Davis and Emilia Zboralska, "Cultural Policy in the Time of Digital Disruption: The Case of Creative Canada", Munk School, Jun. 20, 2018, p. 1, https://munkschool.utoronto.ca/ipl/files/2018/08/Davis-Zboralska-Creative-Canada-20-June-2018.pdf.

② Canadian Heritage, "What We Heard across Canada: Canadian Culture in a Digital World", Feb. 21, 2017, p. 4, https://www.canadiancontentconsultations.ca/system/documents/attachments/82eb44ca377ab94e80535ee617d129c8841dab18/000/005/629/original/PCH-DigiCanCon-Consultation_Report-EN.pdf.

DigiCanCon"和"#verslenumerique"的话题下分享自己的看法和评论。① 超过3万名加拿大民众参与了这场"文化遗产部开展的最公开透明的全国咨询"。②

2017年2月21日,这场全国咨询的报告文件《我们在加拿大各地听到了什么:数字世界中的加拿大文化》正式出版。报告显示,有三个发展原则得到了广泛支持:关注公民与创作者;反映加拿大多元文化、促进民主发展;激发社会和经济创新。③ 这些原则都指向了报告所指出的首要重点,即"展示加拿大的文化产业"且在国内外彰显其价值。④

这场全国咨询在形式和内容上都呈现出与以往的文化政策审查不同的特点。得益于互联网技术的支持,文化遗产部的全国调研不仅深入详尽,而且更具"互动性",这是在1949—1951年梅西委员会无法做到的。⑤ 另外,文化遗产部审查文化政策的初衷已经突破了探讨文化身份的传统框架,而将重点放在了文化和创意产业的发展上。保卫加拿大的独特的文化身份、强调输出加拿大内容一直是

---

① Canadian Heritage, "What We Heard across Canada: Canadian Culture in a Digital World", Feb. 21, 2017, p. 7, https://www.canadiancontentconsultations.ca/system/documents/attachments/82eb44ca377ab94e80535ee617d129c8841dab18/000/005/629/original/PCH – DigiCanCon – Consultation_Report – EN. pdf.

② Department of Canadian Heritage, "Creative Canada Policy Framework", Sep., 2017, p. 6, https://www.canada.ca/en/canadian – heritage/campaigns/creative – canada/framework.html.

③ Department of Canadian Heritage, "What We Heard Across Canada Consultation Report Now Available", Feb. 21, 2017, https://www.canada.ca/en/canadian – heritage/news/2017/02/what_we_heard_acrosscanadaconsultationreportnowavailable.html.

④ Canadian Heritage, "What We Heard across Canada: Canadian Culture in a Digital World", Feb. 21, 2017, p. 8, https://www.canadiancontentconsultations.ca/system/documents/attachments/82eb44ca377ab94e80535ee617d129c8841dab18/000/005/629/original/PCH – DigiCanCon – Consultation_Report – EN. pdf.

⑤ Mariane Bourcheix – Laporte, "Creative Canada: A Critical Look at a 'New' Cultural Policy Framework", Government of Canada, June, 2019, p. 3, https://crtc.gc.ca/eng/acrtc/prx/2019laporte.htm.

加拿大制定、改革文化政策时的重要考量，因此加拿大的文化政策显示出"保护主义"的倾向。然而，加拿大也意识到发展文化和创意产业、创造经济收益的重要性，所谓的"文化工业主义"在20世纪70年代开始兴起，[①] 而面对宽带网络和数字平台带来的冲击，加拿大政府愈发感受到在全球文化市场中提高自身竞争力的紧迫性。因此，这场全国咨询的目的不仅是扩大加拿大文化在国内外的影响力，更是增强加拿大内容在数字平台中的显示度和吸引力，以提高加拿大文化产业在国内、全球市场中的竞争力。

"数字世界中的加拿大内容"全国咨询是小特鲁多政府"重返世界舞台"的关键一步，《我们在加拿大各地听到了什么：数字世界中的加拿大文化》成为指导小特鲁多政府在数字时代重塑加拿大的"文化品牌"的重要文件。针对这场咨询也不乏批评的声音。例如，有人批评小特鲁多政府在带领多数党政府执政一年后才在文化艺术领域有所动作——且仅仅是咨询调研，[②] 以及过于关注经济利益而忽略了对文化产品质量的讨论也是批评者质疑的问题之一。[③] 但毋庸置疑的是，这场咨询真正开启了小特鲁多政府时期对文化软实力的讨论，推动了一系列行之有效的措施——包括之后的"创意加拿大""创意出口战略"以及对加拿大媒体基金在数字聚合内容方面的支持，引导着小特鲁多政府利用数字平台提升加拿大的文化软实力，并以加拿大的文化创造力为燃料促进加拿大文化产业的

[①] Charles H. Davis and Emilia Zboralska, "Cultural Policy in the Time of Digital Disruption: The Case of Creative Canada", Munk School, Jun. 20, 2018, p. 1, https://munkschool.utoronto.ca/ipl/files/2018/08/Davis-Zboralska-Creative-Canada-20-June-2018.pdf.

[②] John Doyle, "Whither Canada Culture: Where's the Quality?", The Globe and Mail, Oct. 31, 2016, http://www.theglobeandmail.com/arts/television/john-doyle-whither-canadian-culture-wheres-thequality/article32602135/.

[③] John Doyle, "Whither Canada Culture: Where's the Quality?", The Globe and Mail, Oct. 31, 2016, http://www.theglobeandmail.com/arts/television/john-doyle-whither-canadian-culture-wheres-thequality/article32602135/.

发展。

2.《创意加拿大政策框架》、创意出口战略和加拿大媒体基金对数字聚合内容的支持

2016—2017年"数字世界中的加拿大内容"全国咨询增强了加拿大对提高本国文化产业竞争力的意识,不久之后,加拿大联邦政府就迈出了文化产业政策改革的第一步。2017年9月,文化遗产部提出《创意加拿大政策框架》,将文化创意产业视为构建加拿大文化身份及驱动加拿大经济发展的关键,"创意出口战略"以及支持加拿大媒体基金在数字聚合内容方面做出努力都是《创意加拿大政策框架》下致力于推动加拿大文化向外辐射、增强加拿大文化国际竞争力的重要政策。

(1)《创意加拿大政策框架》

《创意加拿大政策框架》是加拿大政府基于"数字世界中的加拿大内容"全国咨询成果提出的发展创意产业的一种新的政策视角和策略。加拿大提出《创意加拿大政策框架》背后的战略目标有三点。首先,未来的经济将极大依赖于创造力,加拿大希望发展"世界认可的高质量创意内容和产业"并以此拉动经济增长,使加拿大在全球竞争中获得领先地位。[1] 其次,加拿大期望提升本国文化软实力,"将独特、多元的加拿大故事讲给本国以及世界民众"。[2] 再次,加拿大将致力于强化本国公共广播体系,让加拿大公民可以获

---

[1] Department of Canadian Heritage, "Creative Canada Policy Framework", Sep., 2017, p.5, https://www.canada.ca/en/canadian-heritage/campaigns/creative-canada/framework.html.

[2] Department of Canadian Heritage, "Creative Canada Policy Framework", Sep., 2017, p.5, https://www.canada.ca/en/canadian-heritage/campaigns/creative-canada/framework.html.

取可信的本地、全国以及国际新闻。①

《创意加拿大政策框架》主要包含三个支柱部分：首先，资助一切文化产品创作者和文化创业者，包括艺术家、作家、制作人和导演等一切对文化产品的创作和制作有贡献的专业人士，鼓励他们讲述自己的故事；其次，发掘加拿大内容，促进加拿大内容在国内外的传播；再次，加强公共广播体系，支持本土新闻发展。②具体来看，文化遗产部在此框架下提出的政策改革包括：推行专注于增强加拿大文化国际辐射力的"创意出口战略"；资助加拿大媒体基金促进数字内容聚合；审查加拿大广播公司以及加拿大广播电视委员会的授权；与奈飞等网络服务供应商协商使其资助加拿大内容的制作与发行，以及修订广播法、电信法和著作权法。

《创意加拿大政策框架》是适应新发展趋势的加拿大创意产业发展规划，它的"新"主要体现在对文化以及传播的理解。它打破了将文化视为国家"精神基础"、强调文化身份的"保护主义式"的旧有观念，突出了文化带动经济增长、促进本国获得"全球认可"的作用。③传播方式的转变——从印刷到数字——不仅是新政策框架出台的背景，也是加拿大政府意欲在国际竞争中占得领先地位需要利用的机遇。这两点转变与"数字世界中的加拿大内容"咨询中所体现的潮流相一致。《创意加拿大政策框架》意图解决的首

---

① Department of Canadian Heritage, "Creative Canada Policy Framework", Sep., 2017, p. 5, https：//www.canada.ca/en/canadian-heritage/campaigns/creative-canada/framework.html.

② Department of Canadian Heritage, "Creative Canada Policy Framework", Sep., 2017, p. 6, https：//www.canada.ca/en/canadian-heritage/campaigns/creative-canada/framework.html.

③ Emily Woebrle, "Creative Canada: Content vs Culture in a Changing Digital Landscape", SFU Library Digital Publishing, 2017, p. 3, https：//course-journals.lib.sfu.ca/index.php/pub371/article/download/29/46/406.

要问题固然是如何"分到一块数字文化产业的蛋糕",[1]但以更长远的目光来看,它同时也致力于提高加拿大文化对世界各国民众的可见度、吸引力与影响力,因而,这也是小特鲁多政府兑现"重返世界舞台"诺言的重要一步。

(2) 创意出口战略

文化产品和服务出口是加拿大经济中的重要构成部分,其总值超过100亿美元。国外市场对于加拿大文化产品的需求也十分火热,加拿大的艺术家、艺术设计以及加拿大支持文化产业发展的政策也是国外民众渴望深入了解的内容。[2]因此,为了推动加拿大多元文化走出去、提高加拿大文化产业国际竞争力、增进国外民众对加拿大文化的了解与喜爱,在《创意加拿大政策框架》中,文化遗产部还提出了"创意出口战略"。

事实上,小特鲁多政府已经在文化出口方面做出诸多努力。2016年,联邦政府在预算计划中纳入了"将加拿大的文化产业展示给世界"的计划,这是一个时长两年、总值350万加元的针对加拿大创意产品出口的资助方案。资金被计划用于"支持加拿大艺术家和创意产业参与国际文化活动、推动艺术项目的发展、支持有加拿大创作者参与的对外文化活动"。[3]根据文化遗产部的评估,这些措施已经带来了四点成效:第一,加拿大创意产业已触达多国市场。文化遗产部向伦敦、洛杉矶、纽约、巴黎、柏林、上海等13个地区派遣了文化和贸易专员,负责分析当地文化产业市场,增强加拿大

---

[1] Mariane Bourcheix‐Laporte, "Creative Canada: A Critical Look at a 'New' Cultural Policy Framework", Government of Canada, June, 2019, p. 2, https://crtc.gc.ca/eng/acrtc/prx/2019laporte.htm.

[2] Dene Moore, "Why the world wants a piece of Canadian culture", The Globe and Mail, Nov. 13, 2019.

[3] Department of Canadian Heritage, "Creative Canada Policy Framework", Sep., 2017, p. 28, https://www.canada.ca/en/canadian‐heritage/campaigns/creative‐canada/framework.html.

创意产品在这些海外市场中的显示度及影响力；第二，加拿大已重新获得了在国际活动——特别是能够促进创意产业发展、为国际创意经济贸易提供机会、促进加拿大创意产业进军国际市场的活动——中的影响力；第三，加拿大在保护、发展文化和多元社会方面重新走在了世界前列，并通过创意产业合作激活了与英国、德国、中国和法国等主要合作伙伴的双边关系；第四，得益于资助项目，加拿大的国际旅游、文化产业市场营销及宣传也取得了发展。① 总的来看，联邦政府通过资助推动了加拿大创意产业"走出去"，这不仅为加拿大带来了切实可见的市场和经济利益，还增强了国外民众对加拿大文化的了解与好感度，加深了加拿大与许多国家的双边关系。

在这些资助项目的基础上，文化遗产部在《创意加拿大政策框架》中进一步提出了"创意出口战略"，宣布政府将从2018年开始在5年时间内对该项目投资1.25亿加元，用以强化加拿大的"创意品牌"，在国际舞台上宣传加拿大创作者，在关键市场国家打造加拿大"创意产业投资理想之地"的形象。② 截至2019年，共有24个文化项目受到了资助；加拿大文化遗产部带领近100个加拿大创意企业和外交部一起前往亚洲和拉丁美洲进行了贸易访问，56个商业协议成功签订；文化创意企业得以参与瓜达拉哈拉国际书展、爱丁堡艺术节等重大文化贸易活动，并成功将加拿大创意产品推销给国际买家。③

此时期加拿大的文化外交聚焦于文化产业的出口，跃升至一个

---

① Department of Canadian Heritage, "Creative Canada Policy Framework", Sep., 2017, p. 6, https：//www. canada. ca/en/canadian - heritage/campaigns/creative - canada/framework. html.

② Department of Canadian Heritage, "Creative Canada Policy Framework", Sep., 2017, pp. 28 - 29, https：//www. canada. ca/en/canadian - heritage/campaigns/creative - canada/framework. html.

③ Department of Canadian Heritage, "Departmental Results Report：2018 - 2019", Nov. 20, 2019, https：//www. canada. ca/en/canadian - heritage/corporate/publications/plans - reports/departmental - results - report - 2018 - 2019. html.

崭新的平台。加拿大文化遗产部部长在率领加拿大创意产业贸易代表团访华期间说："希望两国的创意产业界通过这次活动加强交流、彼此学习、深化合作、共同成长，为两国人民创造更美好的文化生活，为两国经济带来新的发展契机，系牢彼此了解和互相信任的情感纽带。"① 如她所言，加拿大致力于推动本国与他国之间文化产业的交流与合作，不仅关乎经济利益，而且有利于加深国外民众对加拿大的好感度，客观上达到了公共外交的目的。

（3）加拿大媒体基金对数字聚合内容的支持

加拿大媒体基金是加拿大音像制品创作者与生产者的重要资金来源，它通常将广播电视行业的捐款以及文化遗产部的拨款用作项目投资经费，在支持优秀加拿大内容制作的同时获得投资收益，并将收益再用于对内容制作者的支持。然而，在数字革命的冲击下，加拿大内容传播所依赖的有线电视和卫星电视遭到冷遇，加拿大媒体基金可用以支持内容创作的资金减少，行业生态平衡被打破。因此，为了在数字时代提高加拿大文化在全球舞台上的可见度与辐射力，文化遗产部在《创意加拿大政策框架》中还提出要从2018年开始增加对加拿大媒体基金的投资，促进更多高质量加拿大内容的制作以及在数字平台上的传播。

文化遗产部计划在每年定向拨付的1.34亿加元之外继续加大对加拿大媒体基金的投资，② 并确保款项用于支持加拿大内容创作及在全球的传播。文化遗产部提出，加拿大媒体基金应每年投资至少4000万加元，支持加拿大在"交互式数字媒体内容以及软件应用前

---

① 袁嫄：《"创意加拿大"：提高文化产业国际竞争力》，《中国文化报》，2018年4月23日。

② Department of Canadian Heritage, "Creative Canada Policy Framework", Sep., 2017, p. 15, https：//www.canada.ca/en/canadian-heritage/campaigns/creative-canada/framework.html.

沿领域"的发展。① 文化遗产部还期望加拿大媒体基金能够"将国际市场营销融入内容制作阶段","使更多加拿大作品可以像《大草原上的小清真寺》《神探默多克》和《谎言》一样找到外国观众"。②

事实上,在《创意加拿大政策框架》中,文化遗产部引以为豪的《大草原上的小清真寺》等加拿大优秀作品之所以受到了外国观众的欢迎,正是因为加拿大媒体基金在数字聚合内容方面做出的努力。2017年,加拿大媒体基金在"谷歌加拿大"、贝尔传媒、BBTV宽带电视等加拿大电影电视制作者、发行者以及广播公司的支持下,在油管上推出了"安可+"频道。加拿大媒体基金的执行总裁瓦莱丽·克雷登称这个倡议是为了"创造一个展示和赞美加拿大具有标志性的影视作品和创作才能的平台,把广受喜爱的加拿大故事重新带给加拿大以及世界观众"。③ 获得经济收益固然是加拿大媒体基金聚合数字内容的一部分考量,但更重要的是推广加拿大的文化品牌。在"安可+"频道上,世界各地的观众可以看到《大草原上的小清真寺》《义犬荷贝》《温哥华警探》《正南方》等加拿大经典影视作品。这些作品题材多样,包含许多土著群体的作品,并有英法双语的版本供观众选择。

在得到文化遗产部的更多拨款之后,加拿大媒体基金在推动加拿大数字内容的制作与发行方面持续发力,油管"安可+"频道项目进一步发展。2018年11月,加拿大媒体基金与"imagineNATIVE

---

① Department of Canadian Heritage, "Creative Canada Policy Framework", Sep., 2017, p. 15, https://www.canada.ca/en/canadian-heritage/campaigns/creative-canada/framework.html.

② Department of Canadian Heritage, "Creative Canada Policy Framework", Sep., 2017, p. 15, https://www.canada.ca/en/canadian-heritage/campaigns/creative-canada/framework.html.

③ W. Andrew Powell, "Encore + brings classic Canadian television to YouTube", The Gate, Nov. 22, 2017, https://www.thegate.ca/television/031101/encore-brings-classic-canadian-television-to-youtube/.

电影与媒体艺术节"合作,该艺术节中许多由加拿大土著艺术家创作的电影得以在油管"安可+"频道上与众多国际观众见面。①"安可+"频道的影响力也在不断扩大。截至2021年7月,"安可+"频道已经在全球范围内收获了15万订阅者,频道内的加拿大影视作品收看量已经达到4000万。② 总之,"安可+"频道的推出不仅是振兴加拿大数字文化产业的一次有益尝试,而且向世界打开了一扇展示加拿大多元文化的窗口,促使更多的国外民众发现、了解、喜爱加拿大。

文化遗产部的诸多努力,包括开展"数字时代中的加拿大文化"全国咨询,发布《创意加拿大政策框架》,并在其中纳入"创意出口战略",进一步支持加拿大媒体基金促进加拿大内容数字化,有效应对了数字革命的挑战,并抓住机遇扩大了加拿大的对外辐射力和影响力。根据文化遗产部的评估,加拿大内容在本国以及全球范围内可见度上升,加拿大创意产业给加拿大带来了更多的经济收益。③ 长远来看,国外民众有了更多欣赏加拿大创意产品、了解加拿大内容创作者的机会,这有利于加拿大通过打造自身文化品牌获得更多国外民众的理解与好感,在文化领域"重回世界舞台"。

---

① Canada Media Fund, "Encore + Youtube channel partners with ImagineNATIVE to launch outstanding indigenous film collection", Oct. 18, 2018, https://cmf-fmc.ca/news/encore-youtube-channel-partners-with-imaginenative-to-launch-outstanding-indigenous-film-collection/.

② Canada Media Fund, "Encore + Youtube Channel reches 150000 subscribers and 40M views milestones", July 2, 2021, https://cmf-fmc.ca/news/encore-youtube-channel-reaches-150000-subscribers-and-40m-views-milestones/.

③ Department of Canadian Heritage, "Departmental Results Report: 2018-2019", Nov. 20, 2019, https://www.canada.ca/en/canadian-heritage/corporate/publications/plans-reports/departmental-results-report-2018-2019.html.

3. 参议院报告：《处于加拿大外交政策前线的文化外交》

加拿大政府在推动本国文化产业走出去方面已经做出了许多努力且颇有成效。尽管这些举措已经达到了文化外交的部分目标，但其初衷更多集中于经济领域而非外交领域。从公共外交的角度来看，这些实践缺乏系统性、全面性和连贯性。因此，2019年，加拿大参议院对加拿大的文化外交政策进行了深入审查，并提出了针对性建议。

60多位证人参与了27场听证会，参议院外交事务和国际贸易常务委员会提交了大量简报，在此基础上，加拿大参议院对加拿大文化外交政策进行了详细审查，并在2019年6月19日发布了审查报告。[①] 报告肯定了加拿大文化及文化产业的发展情况——"大量不同领域的加拿大艺术家及其作品质量已经获得了国际认可，加拿大的国际形象随之得到提高"，但同时也指出，加拿大的文化外交缺少连贯、有策略的支持。[②] 报告强调，文化外交应该是加拿大外交政策的支柱之一，因此，参议院建议加拿大政府施行一个"全面的文化外交策略"，在当前加拿大外交政策的背景下阐明文化外交的目标，并指派加拿大外交部为负责协调文化外交策略的领导部门，明确其他参与推动加拿大艺术文化发展的联邦部门的职责。[③]

总之，文化遗产部通过发布一系列政策、参与外交部带领的贸

---

① ICOM Canada, "Senate Report: Cultural Diplomacy at the Front Stage of Canada's Foreign Policy", 2017, https://www.icomcanada.org/2019/09/01/senate-report-cultural-diplomacy/#:~:text=The%20%E2%80%9CCultural%20Diplomacy%20at%20the%20Front%20Stage%20of,diplomacy%20since%20the%201995%20Canadian%20foreign%20policy%20review.

② Standing Senate Committee on Foreign Affairs and International Trade, "Executive Summary: Cultural Diplomacy at the Front Stage of Canada's Foreign Policy", 2019, p. 2, https://www.sencanada.ca/en/info-page/parl-42-1/aefa-cultural-diplomacy/.

③ Standing Senate Committee on Foreign Affairs and International Trade, "Executive Summary: Cultural Diplomacy at the Front Stage of Canada's Foreign Policy", 2019, p. 2, https://www.sencanada.ca/en/info-page/parl-42-1/aefa-cultural-diplomacy/.

易代表团等措施提高了加拿大文化产业的国际竞争力与影响力。然而,为了更有效地开展文化外交,促进外交政策目标的实现,加深加拿大与国外民众之间的理解,为随后加拿大与别国的交流合作打造信任基础,并实现加拿大的国家利益,小特鲁多政府应当制定一个更全面的文化外交策略。

(二) 女权主义公共外交

在小特鲁多政府之前执政9年的保守党政府,不仅几乎完全放弃了文化外交,而且"对以联合国为代表的国际组织不屑一顾、对全球议题缺乏热情"[1],在许多问题上背离了加拿大的传统价值观,这使得加拿大外交的国际影响力大幅下降。为了重振加拿大的国际影响力,使加拿大重回国际舞台,小特鲁多政府需要重新定位加拿大外交,而女权主义就成了小特鲁多政府重整加拿大外交的发力点。

特鲁多得以在女权主义公共外交上发力,离不开加拿大国内女权主义较高的发展水平以及加拿大外交在性别平等领域的历史成就。得益于加拿大国内的法律制度,加拿大女权主义者能够积极利用法律武器捍卫女性权益,并推动法律向有利于女性维权的方向发展,因此加拿大女权主义运动发展程度较高。另外,性别平等也是加拿大在外交中长期坚持的传统价值原则之一,因为,"指导加拿大的国际参与的核心价值观包括包容、同情、负责任的治理、尊重多样性和人权,而性别平等的目标渗透在所有这些目标当中"。[2] 加拿大在性别平等的议题上坚持积极参与全球治理,这为小特鲁多政

---

[1] 张笑一:《加拿大女权主义国际政策:成因、行为与特点》,《国际论坛》2020年第4期,第91页。

[2] 张笑一:《加拿大女权主义国际政策:成因、行为与特点》,《国际论坛》2020年第4期,第90页。

府发展女权主义公共外交打下了基础。① 在实践上，小特鲁多政府主要推行了"女权主义国际援助政策"，为了实现该愿景与承诺，小特鲁多政府进一步开展了一系列援助项目，其中数目较大、广受关注的包括对"全球教育伙伴关系"的资助、平等基金会和新型冠状病毒大流行时期对欠发达地区女性组织的资助。

1. 女权主义国际援助政策

小特鲁多政府的女权主义公共外交主要集中于国际援助领域，这要归功于2016年加拿大国际发展部对加拿大国际援助开展的一次政策审查。2016年5月18日，国际发展部部长宣布将对加拿大国际援助政策进行一次公共审查，并广泛征询国内外民众的观点意见。国际发展部在超过65个国家以及加拿大5个城市的高级别活动中举办了300多场咨询，并收到了超过10600份书面意见材料②。国际发展部还开通了网络参与渠道，政策审查网站收获了44911次访问，有1514个推特用户使用了"#DevCanada"的话题参与讨论，约有2000万推特用户获悉此次咨询。③ 共有15000多个参与者对咨询做出了贡献，这其中包括加拿大民众、加拿大非政府组织、捐助者、合作国家政府、普通青年、发展中国家的民众以及国际援助方

---

① 张笑一:《加拿大女权主义国际政策:成因、行为与特点》,《国际论坛》2020年第4期,第89—92页。

② Government of Canada, "Consultations to Renew Canada's international Assistance", 2016, https：//www. international. gc. ca/world – monde/issues_development – enjeux_developpement/priorities – priorites/consultation. aspx? lang = eng&_ga = 2. 7565110. 546117359. 1629647023 – 222803610. 1619751520.

③ Government of Canada, "2016 International Assistance Review: What We Heard", 2016, https：//www. international. gc. ca/world – monde/issues_development – enjeux_developpement/priorities – priorites/what_we_heard – que_nous_entendu. aspx? lang = eng&_ga = 2. 52609964. 546117359. 1629647023 – 222803610. 1619751520.

面的专家学者。① 政策审查和公共咨询在 7 月份正式结束,成果报告显示加拿大国际援助政策应该以性别平等为核心。

2017 年 6 月 9 日,加拿大国际发展部发布了《建设一个更加和平、包容、繁荣的世界:加拿大的女权主义国际援助政策》,并在其中提出了加拿大的第一个"女权主义国际援助政策"。时任国际发展部部长的玛丽·克罗德·比博称这项政策"是加拿大外交史上最具野心、最进步的政策,能够使加拿大成为推动性别平等、为妇女和女童赋权事业的全球领袖"。② 文件中表明,"性别平等和为妇女、女童赋权"——2015 年联合国提出的"2030 可持续发展议程"中的第五个可持续发展目标③——是贯穿援助政策各个方面的重点,其他的行动领域还包括"人类尊严""全人类发展""环境及气候行动""包容性治理"以及"和平与安全"。④ 文件还提出,加拿大将确保 2021—2022 年间不低于 95% 的双边发展援助项目会把"性

---

① Government of Canada, "Consultations to Renew Canada's international Assistance", 2016, https://www. international. gc. ca/world – monde/issues_development – enjeux _ developpement/priorities – priorites/consultation. aspx? lang = eng& _ ga = 2. 7565110. 546117359. 1629647023 – 222803610. 1619751520.

② Michelle Zilio, "Ottawa unveils new feminist foreign – aid policy; the government's plans aim to improve the lives of women and girls internationally, but some are critical of the lack of new funding", The Globe and Mail, Jun. 9, 2017, https://www. theglobeandmail. com/news/politics/ottawa – unveils – new – feminism – focused – foreign – aid – policy/article35260311/.

③ Global Affairs Canada, "Canada's Feminist International Assistance Policy", 2017, p. 7, https://www. canada. ca/en/global – affairs/news/2017/06/canada_s_feministinternationalpolicy. html #: ~ : text = % 20Canada% E2% 80% 99s% 20Feminist% 20International% 20Assistance% 20Policy% 20% 201, will% 20encourage% 20growth % 20that% 20works% 20for. . . % 20More% 20.

④ Global Affairs Canada, "Canada's Feminist International Assistance Policy", 2017, p. 7, https://www. canada. ca/en/global – affairs/news/2017/06/canada_s_feministinternationalpolicy. html #: ~ : text = % 20Canada% E2% 80% 99s% 20Feminist% 20International% 20Assistance% 20Policy% 20% 201, will% 20encourage% 20growth % 20that% 20works% 20for. . . % 20More% 20.

别平等和为妇女、女童赋权"作为项目目标或将此事业融合进项目之中,且50%的双边援助项目将被投入到帮助撒哈拉沙漠以南非洲地区妇女和女童的事业当中。① 为了真正放大女性的声音,加拿大还承诺将创新援助方式,加大对"致力于维护女性权益的地方性女性组织"的支持。②

"女权主义国际援助政策"改变了加拿大国际援助政策的重心,也是特鲁多执政期间加拿大公共外交实践的重要内容。尽管特鲁多政府并未扩展原本对国际发展部的1.5亿加元拨款计划,也有一些加拿大非政府组织和反对党议员担心没有额外的资金会让该政策流于形式,③ 但"女权主义国际援助政策"并非是补充政策,而是成为了国际援助政策的核心。④ 通过直接资助国外的非政府女性组织,加拿大不仅是在积极推动性别议题以及性别平等事业在全球范围内的发展,也是在以性别平等为发力点重整本国公共外交,树立本国尊重女性权益、积极参与全球治理的积极形象。

---

① Global Affairs Canada, "Canada's Feminist International Assistance Policy", 2017, p. 9, https://www.canada.ca/en/global-affairs/news/2017/06/canada_s_feministinternationalpolicy.html#:~:text=%20Canada%E2%80%99s%20Feminist%20International%20Assistance%20Policy%20201,will%20encourage%20growth%20that%20works%20for...%20More%20.

② Global Affairs Canada, "Canada's Feminist International Assistance Policy", 2017, p. 9, https://www.canada.ca/en/global-affairs/news/2017/06/canada_s_feministinternationalpolicy.html#:~:text=%20Canada%E2%80%99s%20Feminist%20International%20Assistance%20Policy%20201,will%20encourage%20growth%20that%20works%20for...%20More%20.

③ Michelle Zilio, "Ottawa unveils new feminist foreign-aid policy; the government's plans aim to improve the lives of women and girls internationally, but some are critical of the lack of new funding", The Globe and Mail, Jun. 9, 2017, https://www.theglobeandmail.com/news/politics/ottawa-unveils-new-feminism-focused-foreign-aid-policy/article35260311/.

④ Terry Glavin, "Wrong to dismiss PM's 'feminist' foreign aid", National Post, Jun. 15, 2017, https://nationalpost.com/opinion/terry-glavin-its-easy-to-dismiss-trudeaus-feminist-foreign-aid-plan-as-virtue-signalling-easy-but-wrong.

2. 对"全球教育伙伴关系"的资助

"全球教育伙伴关系"是世界上唯一一个专门致力于为低收入国家提供高质量教育的伙伴关系和基金的组织。2018年1月25日，特鲁多总理在世界经济论坛上宣布，加拿大政府将在2018—2020年间为"全球教育伙伴关系"提供1.8亿加元——相当于加拿大以往向"全球教育伙伴关系"捐助额的两倍之多，用以为发展中国家的儿童和青少年（尤其是女童）提供高质量基础教育、为年轻人（尤其是年轻女性）提供职业技术知识培训。① 2021年，加拿大政府承诺将对"全球教育伙伴关系"的资助增加至3亿加元，并保证至少将其中的5000万加元专门用于提升女童教育环境及质量。②

加拿大对"全球教育伙伴关系"的资助是为了实现"女权主义国际援助政策"的承诺而做出的努力，③ 是特鲁多政府女权主义公共外交的重要组成部分。

3. 平等基金会

2019年6月2日，加拿大性别平等部部长玛丽安·蒙塞夫宣布加拿大政府投入3亿加元成立"平等基金会"，联合MATCH国际女

---

① Government of Canada, "Prime Minister announces funding for the global partnership for education", Jan. 25, 2018, https://pm.gc.ca/en/news/news-releases/2018/01/25/prime-minister-announces-funding-global-partnership-education#:~:text=Today%2C%20at%20the%20World%20Economic%20Forum%E2%80%99s%20annual%20general，the%20Global%20Partnership%20for%20Education%20%28GPE%29%20for%202018-2020.

② Government of Canada, "New Canadian investments in global gender equality", Jun., 2021, https://www.canada.ca/en/global-affairs/news/2021/06/new-canadian-investments-in-global-gender-equality.html.

③ GPE, "Canada's priority areas for development cooperation in education along with its contributions to the GPE Fund", https://www.globalpartnership.org/who-we-are/about-gpe/donor-canada.

性基金会、非洲女性发展基金会和加拿大乐施会等11家慈善机构、非盈利机构和金融机构一起为加拿大和全球的性别平等事业而努力。平等基金会的创新之处在于，它的目标是"创造一个自给自足的筹资机制"，并确保这些善款可以流向资金紧张的为性别平等事业奋斗的发展中国家一线女性组织。① 除了联邦政府的投入，平等基金会已经募集了1亿加元，并计划在15年之内募集到10亿加元。②

平等基金会是加拿大联邦政府和非政府组织共同努力的成果，通过解决女权运动中十分重要的资金问题，它能够推动世界各地，特别是发展中国家女权运动的发展。这有利于传播加拿大性别平等的价值观，也能够为加拿大赢得国际民众，尤其是众多女权主义者的好感，从而提升加拿大的国际影响力。

4. 新冠肺炎疫情大流行期间对欠发达地区女性权益的关注

在新冠肺炎疫情大流行期间，由于大规模的停工停学，以及社会救助机制受到疫情冲击，全球女性遭受性暴力的风险上升，且在大流行引发的其他次生灾害（如饥荒、卫生问题、失业问题）中也常常承受更大的风险。为了践行"女权主义国际援助政策"，在疫

---

① "Trudeau government investing ＄300 – million in women's equality in Canada and developing countries; Global Affairs says ＄100 – million has already been raised, on top of the federal government's contribution, with an aim to reach ＄1 – billion over the next 15 years", The Globe and Mail, Jun. 2, 2019, https：//www. theglobeand-mail. com/politics/article – trudeau – government – investing – 300 – million – in – womens – equality – in/.

② Global Affairs Canada, "The Equality Fund：transforming the way we support women's organizations and movements working to advance women's rights and gender equality", 2019, https：//www. canada. ca/en/global – affairs/news/2019/06/global – affairs – canada – – – the – equality – fund – transforming – the – way – we – support – womens – organizations – and – movements – working – to – advance – womens – rights – and – g. html.

情大流行期间保护女性权益,加拿大在联合国的号召下为欠发达地区女性组织提供资助。

为了应对疫情大流行期间落后地区女性遭受性暴力的风险,尤其是女童面临的童婚问题,加拿大政府承诺在2019—2024年间为"联合国人口基金—联合国儿童基金会全球终止童婚计划"提供1000万加元,支持亚非地区年轻的女权改革者,推动更多人参与终止童婚的全球运动,且在疫情大流行背景下开发向女童宣传此类计划的数字工具。①

2020年6月,担任国际发展部部长的卡里娜·古德宣布,加拿大为非洲国家的人权和健康组织提供1650万加元,用以应对新冠肺炎疫情大流行期间的饥荒和卫生等问题,受助国家包括尼日利亚、塞内加尔、埃塞俄比亚、南苏丹、肯尼亚、加纳和莫桑比克,这些国家的女性是主要受益群体之一。②

在新冠肺炎疫情大流行期间,加拿大关注欠发达地区受到威胁的性别平等问题,并通过资助当地的女性组织改善女性的生存状况,树立了本国负责任、具有人道主义关怀的国际形象。

加拿大的女权主义公共外交实践不仅有利于推动全球女权主义运动以及性别平等事业的发展,而且是加拿大积极参与全球治理、重塑本国国际品牌的重要一步。加拿大政府直接资助发展中国家女性组织的做法为国际援助模式带来了创新性的变革,受援国的女性

---

① Global Affairs Canada, "New Canadian investments in global gender equality", 2021, https://www.canada.ca/en/global-affairs/news/2021/06/new-canadian-investments-in-global-gender-equality.html.

② Michelle Carbert, "Canada pledges $16.5-million for women's rights, food security in Africa amid pandemic; The funding comes as Canada enters the final week of its bid for one of 10 rotating non-permanent seats in 2021-22 on the United Nations Security Council", The Globe and Mail, Jun.10, 2020, https://www.theglobeandmail.com/politics/article-canada-pledges-165-million-for-womens-rights-food-security-in/.

组织可以得到加拿大更大份额的资助。① 加拿大外交部和国际发展部在"女权主义国际援助政策"中宣布将在 5 年内直接为全球发展中国家的女权组织提供 1.5 亿加元,这笔资助是迄今为止此类资助中数额最大的。② 诺贝尔妇女计划的执行副总裁雷切尔·文森特称这是"加拿大转变其对外援助方式的重要的第一步——从将女性看作援助的受益方到将女性看作带来改变的合作伙伴"。③ 尽管因为加拿大政府坚持向存在压迫女性问题的国家批量出口武器,且政府内部一些对待女性官员的态度有违性别平等宗旨,加拿大的女权主义国际政策受到了一些质疑,④ 但整体来看,加拿大女权主义公共外交对提升加拿大的国际形象起到了积极作用。在由"美国新闻与世界报道"发布的 2021 年全球最佳国家排行中,加拿大高居榜首,且在将"性别平等"视作关键考虑因素的"社会目标"这一重要指数排行中,加拿大同样位列第一。

三、总结与评价

在小特鲁多执政至今这段时期,加拿大公共外交主要呈现出文

---

① 张笑一:《加拿大女权主义国际政策:成因、行为与特点》,《国际论坛》2020 年第 4 期,第 98 页。

② 张笑一:《加拿大女权主义国际政策:成因、行为与特点》,《国际论坛》2020 年第 4 期,第 98 页。

③ The MATCH International Women's Fund, "Game-changer: Canada's new feminist approach to foreign assistance makes Canada global leader", Jun. 9, 2017, https://www.newswire.ca/news-releases/game-changer-canadas-new-feminist-approach-to-foreign-assistance-makes-canada-global-leader-627459843.html; 张笑一:《加拿大女权主义国际政策:成因、行为与特点》,《国际论坛》2020 年第 4 期,第 98 页。

④ 张笑一:《加拿大女权主义国际政策:成因、行为与特点》,《国际论坛》2020 年第 4 期,第 102—103 页。

化品牌重新得到重视、自由国际主义价值观回归、互联网和数字信息渠道竞争力增强这三个特点。毋庸置疑的是，小特鲁多对重振加拿大国际影响力颇有野心，自上台开始，他便四处出击，展现出一个"进步的领导人、性别平等和妇女赋权的支持者、解决气候变化问题的忠实伙伴、世界和平稳定的维护者"的形象[1]。总的来说，小特鲁多政府将加拿大公共外交从保守党政府专注于经济利益的政治议程中拯救了下来，但这并不意味着危机已经一扫而空。美国特朗普政府的保守主义贸易政策曾消耗了小特鲁多政府大量精力和资源，突如其来的新冠肺炎疫情大流行制造了更多阻碍，拜登的上台似乎并不意味着美国贸易政策的宽松或世界局势的缓和，加拿大公共外交的发展还需时间来验证。

---

[1] Domenik Tolksdorf and Xandie Keunning, "Trudeau's Foreign Policy: Progressive Rhetoric, Conventional Policies", Green European Journal, Sep. 25, 2019. Cited in N. J. Cull and M. K. Hawes eds., "Canada's Public Diplomacy", US: Palgrave Macmillan, 2021, p. 22.

结语　加拿大公共外交的传统与创新

加拿大是公共外交的先行者，其公共外交活动可以追溯到二战期间国家电影局对外发行宣传影片，甚至在更早的20世纪30年代初期，加拿大就产生了通过国际广播向世界传达加拿大观点的设想。80余年来，加拿大公共外交实践经过沉淀形成了一些独特的传统，与此同时，加拿大公共外交又是不断推陈出新的动态过程。从加拿大公共外交发展历程中，可以总结出三个显著特点：在价值观方面，加拿大公共外交承载自由国际主义，其具体内涵在不同时期既有共同的核心又有创造性阐释；在主体方面，加拿大公共外交紧密联系国内公民社会，始终努力用不同的方式将公众囊括到工作之中；在媒介方面，加拿大公共外交与时俱进，信息传播手段紧跟技术发展。

一、加拿大公共外交的价值观：承载自由国际主义

自由国际主义诞生于19世纪，发展于20世纪初，亦被称为"威尔逊主义"。第一次世界大战期间，美国前总统托马斯·伍德罗·威尔逊秉持国际主义，发表"十四点和平原则"演讲，主张公

开外交、自由贸易、推广民主、建立国际组织、维护国家平等等原则。①有学者将自由国际主义的核心信条总结为："国家内和国家间和平最稳固的基础是民主资本主义，即自由民主政体与市场经济"。②加拿大公共外交承载了自由国际主义意识形态，对照上述定义可知，其内涵既有普遍性又有特殊性，具有信仰民主、调和利益、多边主义等核心要求的同时，也衍生出实用主义、民族构建、"定位外交"等加拿大特有的内容。

（一）表现

自由国际主义贯穿于加拿大公共外交的各个历史时期，在契合普遍特质的同时也发展出了不同的内涵。麦肯齐·金时期，加拿大在舆论、宣传上与自由国际主义的对立面——法西斯作战，同时，该时期公共外交的自由国际主义也呈现出一种实用主义，即宣传加拿大在战争中的贡献以提升国家在战后国际体系中的地位。莱斯特·皮尔逊时期，加拿大公共外交的自由国际主义体现为借助对外援助的手段，宣扬民主资本主义制度的优越性。皮埃尔·特鲁多时期，公共外交的自由国际主义表现为一种调和利益的姿态，加拿大成为东西方阵营的斡旋者；在魁北克分离主义的困扰下，公共外交的自由国际主义还特别强调了加拿大统一民族构建的重要性。克雷蒂安时期，加拿大在公共外交中积极投射自由国际主义价值观，将其等同于一种能够实现人类安全的普世价值；同时，囿于国内政治、经济状况，该时期公共外交的自由国际主义注定不能面面俱到，从而呈现出以经济为导向的"定位外交"特点。哈珀时期，自

---

① 李青：《威尔逊主义外交政策理念及影响》，《国际关系学院学报》2006年第4期，第29—30页。

② Roland Paris, "Peacebuilding and the Limits of Liberal Internationalism", International Security, Vol. 22, NO. 2, 1997, p. 56.

由国际主义不是公开的主题，但在一些公共外交政策中仍可见一斑。贾斯汀·特鲁多时期，加拿大更加积极关注气候变化、难民、性别不平等全球治理问题，公共外交回归到传统的自由国际主义。

加拿大的公共外交诞生于麦肯齐·金时期，与战争需求紧密相连，如果将二战看作是加拿大争取民主的斗争，那么公共外交就是自由国际主义对抗极权主义的武器。这时期内，一批机构诞生、改良，增加对外宣传的功能，成为最早的一批公共外交机构。这些机构包括国家电影局、战时新闻委员会和加拿大国际广播电台，它们通过发行影片、播报战况、宣传政策等手段集结反法西斯的最大力量。例如，加拿大国际广播电台在二战末的心理战中发挥了重要作用，它在欧洲战场加紧战况宣传，从而击溃了德意志的最后一道防线。在对抗法西斯主义、争取民主的基础上，麦肯齐·金时期公共外交中的自由国际主义独特地体现出一种实用性。二战临近尾声，世界秩序的重建被提上议程；加拿大希望获得与其在二战中的贡献相匹配的地位和作用，以中等国家身份参与战后国际体系。因此，宣传加拿大在反法西斯战争中的贡献、提高其国际声望成为公共外交的另一要务。该时期国家电影局拍摄了两套系列纪录片《加拿大坚持战斗》和《全世界在行动》，在反映各国战况、鼓舞盟国士气之余，更突出了加拿大在战争中的贡献。《全世界在行动》的制作更是延续到了1959年，它向世界展示了加拿大在科学、社会福利、工业技艺、音乐艺术各方面的成就，推动世界更好地认识、认可在二战中崛起的加拿大。

二战结束后的20年间，加拿大历经了圣劳伦特、迪芬贝克和皮尔逊三届政府，这三届政府既有自由党也有保守党，但自由国际主义贯穿始终，这与莱斯特·皮尔逊的外交才能及其跨越多届政府的影响是密不可分的。① 该时期加拿大公共外交的自由国际主义体现

---

① ［加］约翰·J. 柯顿著，陈金英、汤蓓、徐文姣译：《加拿大外交理论与实践》，上海人民出版社2019年版，第153页。

为借助对外援助的手段，宣扬民主资本主义制度的优越性。对外援助塑造了加拿大亲善友好、乐于施予的形象，例如，在"科伦坡计划"中，加拿大向欠发达的南亚和东南亚国家提供资金援助和技术支持，通过拨款、派出专家和提供设施设备的方式，促进了受援国的战后复兴。加拿大还积极倡议、参与英联邦奖学金和研究基金计划，资助英联邦内欠发达国家学生和学者前往发达国家进修，为各国培养出优秀人才。但是，这种施予者的身份并非完全"不计效益"，它的背后是明显的意识形态竞争目的，即在冷战背景下为对抗共产主义的影响而宣扬民主、自由等自由主义价值观。加拿大也并不忌讳表达对外援助背后的意识形态意图。1950年皮尔逊作为外交部部长向众议院解释"科伦坡计划"时说道："为了防止东南亚和南亚被共产主义征服，我们自由民主国家必须证明代表国家解放、经济社会进步的是我们，而不是俄罗斯人。"[1] 与"科伦坡计划"类似，英联邦奖学金与研究金计划的重要目的之一便是团结英联邦内的新兴独立国家（尤其是印度）共同抵御共产主义。这表明除了维护稳定、促进繁荣等明示的目的以外，援助第三世界国家是与意识形态扩张挂钩的。

皮埃尔·特鲁多时期，加拿大公共外交的自由国际主义表现为利益调和的姿态。自由国际主义的主要观点之一是"利益可以调和"，[2] 在这一时期加拿大公共外交实践中，意识形态差异作为利益冲突的一种，确乎更加温和，甚至被淡化了，这体现了加拿大愿意展示调和利益的姿态，从而实现更广泛的国家利益。通过文化、体育活动交流，加拿大成为了东西方阵营之间的斡旋者。特鲁多政府率先与中国建交，在友好交往的基础上，中加学生互换项目（后更

---

[1] Keith Spicer, "Clubmanship Upstaged: Canada's Twenty Years in the Colombo Plan", International Journal, NO. 25, 1969 – 1970, p. 25.

[2] 倪世雄：《当代西方国际关系理论（第二版）》，复旦大学出版社2018年版，第34页。

名为中加学者交换项目）逐渐成形，多次续签，不仅加深了两国的学术联系、培养了优秀人才，更为两国民众直接接触、深化对彼此国家的理解提供了窗口。加拿大缓和同苏联的关系也是在同一背景下进行的：加拿大与苏联也签订了奖学金和学术交流项目，[①] 还在低敏感度、低争议性的体育领域创造性地与苏联展开"冰球外交"，激发了两国民众对和平交往的热情。加拿大与中国、苏联的接触塑造了其与美国完全不同的东西方斡旋者形象。在充当东西方阵营缓和桥梁之余，加拿大苦于魁北克分离主义的影响，因此在公共外交的自由国际主义中还强调了民族身份构建的重要性。特鲁多政府上台后对外交政策进行了全面审查，发表了指导性文件《加拿大人的外交政策》白皮书，其中提到，加拿大应该寻求保持其独特身份，包括语言、文化、习俗和制度的特殊性，同时与法语国家的交往中要充分体现双语制以及加拿大的技术和文化成就。[②] 在对外援助方面，特鲁多意识到加拿大的法语优势有助于与东南亚大约 4500 万人口建立联系，[③] 因此计划继续对该地区进行文化项目等援助，以法语国家为重点开展教育与培训。魁北克"寂静革命"的设计者之一保罗·杰林-拉乔被任命为国际发展署新一任主席，他与法语世界的文化联系促进了加拿大对非洲和拉美地区的法语国家投入大规模援助，[④] 增强了加拿大在这些地区的影响力。在文化外交领域，加拿大在法国等国家建立加拿大文化中心，在推广加拿大文化艺术的同时传播了加拿大双语制和多元文化，塑造了统一的加拿大身

[①] Evan H. Potter, "Branding Canada: Projecting Canada's Soft Power through Public Diplomacy", Montreal: McGill – Queen's University Press, 2009, p. 90.

[②] DFAIT, "Foreign Policy for Canadians", Jun., 1970, Vol. I, p. 33, 39, https://gac.canadiana.ca/view/ooe.b1603784E/39?r=0&s=1.

[③] DFAIT, "Foreign Policy for Canadians", Jun., 1970, Volume on Pacific, p. 12, https://gac.canadiana.ca/view/ooe.b1603784E/144?r=0&s=1.

[④] David Robert Morrison, "Aid and Ebb Tide: A History of CIDA and Canadian Development Assistance", Ontario: Wilfrid Laurier University Press, 1998, p. 99.

份，强化了联邦政府在国际社会的权威。

克雷蒂安时期，加拿大的公共外交积极投射自由国际主义价值观，并将这种价值观与维护全球安全挂钩。1995年，政府发表《世界中的加拿大》白皮书，将"投射加拿大的价值观与文化"列为加拿大外交的"第二支柱"。加拿大在公共外交中立足于民主、法治、人权等价值观，维护世界安全，是自由国际主义对"如何维护和平"这一问题的经典回答。加拿大领导的"渥太华进程"便是一个典型的写照。在推动全面禁雷的过程中，时任外交部部长劳埃德·阿克斯沃西提出"人类安全"的新观念，即安全目标应根据人类需求而非国家需求来制定。在阿克斯沃西的带领下，加拿大联合志同道合的中小国家，与非政府组织通力合作，推动了全面禁雷的进程。这不仅影响了全球和平和安全，更使得加拿大反战、民主的自由国际主义形象深入人心。与此同时，虽然冷战结束后美国国际影响力下滑，加拿大相对实力随之上升，但是囿于魁北克分离运动和财政赤字，克雷蒂安政府初期缺乏充足的资源支撑其各方面的领导雄心，因而开展"定位外交"成为该时期自由国际主义的变奏。"定位外交"是安德鲁·库珀提出的概念，该理论认为加拿大外交应有所取舍，[1] 将有限的资源集中到合适之处，选择性地介入少量区域、事件、国际机构和领域。[2] 该时期加拿大"定位外交"的重点在经济领域，注重建立品牌形象。对于像加拿大这样的外向经济体而言，国际形象至关重要。[3] 虽然加拿大科技发达、创新活跃，但在投资者的刻板印象中，加拿大仅是资源型经济体，主要出口林

---

[1] Andrew F. Cooper, "In Search of Niches: Saying 'Yes' and Saying 'No' in Canada's International Relations", Canadian Foreign Policy Journal, Vol. 3, NO. 3, 1995, p. 1.

[2] 约翰·J. 柯顿著，陈金英、汤蓓、徐文姣译：《加拿大外交理论与实践》，上海人民出版社2019年版，第69页。

[3] M. Kunczik, "Images of Nations and International Public Relations", Routledge, 1996, p. 25.

业和农产品。① 因此，加拿大亟需通过公共外交加深主要或潜在经济伙伴对加拿大的认识，以促进经贸往来。为了改善国家形象，"加拿大国家队"八次出访，所前往的目标国家均经过精心挑选：中国、日本等亚太国家经济增长强劲；拉丁美洲是推动美洲自由贸易区的攻坚环节；改革后的德国和俄罗斯是加拿大仍然大有可为的市场蓝海；另外政府还在美国、日本分别举行了大型宣传活动。"上北部：加拿大在纽约"意在重新强调加美贸易伙伴关系，通过"稳定和发展""朋友和伙伴""移动中的加拿大""激情与凉爽"四个主题构建加拿大的品牌形象。太平洋另一边的日本也是加拿大文化宣传的重要对象，这是因为日本是加拿大在亚洲的主要盟友和经济伙伴，但20世纪90年代以来加拿大在日本的经济地位有所下降，且日本对加拿大的片面认知阻碍了两国经济关系发展。因此，借着"加拿大国家队"访日的预热，使馆发起了"联想加拿大"活动，宣传加拿大在和平与安全、科学与技术、艺术与文化等领域的成就贡献，给日本民众留下了深刻印象。

哈珀时期自由国际主义并非公共外交的主题，而是退居成为一些举措的底色。作为保守党党魁，哈珀总理批判自由主义原则模糊，将其斥为"道德虚无主义"。②但实际上，自由国际主义在哈珀政府的一些公共外交行为中仍然可见一斑。作为自由国际主义投射的对外援助并没有销声匿迹或完全沦为实现自我利益的工具，在一些对外援助项目中仍然可以看到人道主义的色彩。例如，加拿大重视全球范围内的妇女儿童权益：根据2010年的"马斯科卡倡议"，加拿大在2010年到2015年期间提供了28.5亿美元的资金；信息和问责制委员会成立，该组织由哈珀总理和坦桑尼亚的贾卡亚·基

---

① Evan H. Potter, "Branding Canada: Projecting Canada's Soft Power through Public Diplomacy", Montreal: McGill‐Queen's University Press, 2009, p. 58.

② David McGrane and Neil Hibbert eds., "Applied Political Theory and Canadian Politics", Toronto: University of Toronto Press, p. 45.

奎特总统领导，旨在为妇女儿童健康筹集更多资金，并促进资金良好运转；2014年5月28日到30日，哈珀总理在多伦多举行"拯救每一个妇女和儿童：触手可及"峰会，承诺在2015年到2020年提供35亿美元，继续改善孕产妇、新生儿和儿童的健康问题。①

贾斯汀·特鲁多时期见证了传统自由国际主义的回归。与前任保守党政府不同，小特鲁多积极关注气候变化、难民、性别不平等全球治理问题，强调经济、安全利益的成分更少，体现了传统的自由国际主义，有学者甚至视之为"皮尔逊主义"的回归。② 接受叙利亚难民的承诺堪称公共外交的一次胜利：③ 在全国关注、政治竞争和身份构建需求的共同作用下，自由党承诺接受2500名叙利亚难民，为加拿大赢得了良好的国际声誉。女权主义公共外交也是自由国际主义的重要体现，其中最主要的措施是女权主义国际援助。2017年，加拿大国际发展部发布了《建设一个更加和平、包容、繁荣的世界：加拿大的女权主义国际援助政策》，促进"性别平等和为妇女、女童赋权"，改变了国际援助政策的核心。④ 为践行女权主义国际援助政策，小特鲁多政府进一步开展了一系列援助项目，其中包括促进发展中国家儿童、青少年和年轻人（尤其是女童和年轻女性）教育事业的"全球教育伙伴关系"，推动世界各国、尤其是发展中国家女权运动发展的"平等基金会"，以及新冠肺炎疫情大流行时期对欠发达地区女性组织的资助项目。

---

① "Saving Every Woman Every Child: Within Arm's Reach", Every Woman Every Child, May 28, 2014, https://www.everywomaneverychild.org/saving-every-woman-every-child-within-arms-reach/.

② Peter McKenna, "Opinion: Trudeau World Revert to Classic Pearsonian Foreign Policy", The Herald, Oct. 8, 2015.

③ N. J. Cull and M. K. Hawes eds., "Canada's Public Diplomacy", Palgrave Macmillan, 2021, p. 22.

④ Terry Glavin, "Wrong to Dismiss PM's 'Feminist' Foreign Aid", National Post, Jun. 15, 2017.

（二）原因

自由国际主义之所以能成为加拿大公共外交恒常的元素，与公共外交本身的性质、加拿大政治的自由主义传统，以及加拿大自由国际主义因时而变的实用性密切相关。

自由国际主义的内涵与公共外交的目标与对象较为匹配，因此能够使公共外交的推行更加顺利有效。换言之，公共外交的目标和对象使自由国际主义更能在其中发挥"润滑剂"的作用。公共外交的长期目标是"关系建设"，即一国与他国民众的关系的建立和维持，讲求扩大、加深理解，主要通过传统的国际学术关系和文化关系工具加强联系。① 这些"低风险"的工具适合传播"普适价值"，② 至少避开了一些"高政治"领域的冲突，实现了某一层面的利益和谐，与自由国际主义主张的调和利益相符。就对象而言，公共外交是一种针对他国民众展开的公关活动。大部分公共外交活动是针对他国的意见领袖和关注该议题的民众展开的，而有些公共外交活动针对的是普通大众。③ 无论何种情况，自由国际主义所主张的自由、民主、人权、法治等价值观都比较容易被不同国家人民接受，具有道义上的优势。但必须指出的是，这些价值观也可能因过于宽泛，导致加拿大公共外交没有一个清晰的重点，意欲构建的形象虽正面但模糊；④ 事实上，这也是自由党被保守党诟病的"道德

---

① Evan H. Potter, "Branding Canada: Projecting Canada's Soft Power through Public Diplomacy", Montreal: McGill–Queen's University Press, 2009, p. 46.

② Evan H. Potter, "Branding Canada: Projecting Canada's Soft Power through Public Diplomacy", Montreal: McGill–Queen's University Press, 2009, p. 46.

③ Evan H. Potter, "Branding Canada: Projecting Canada's Soft Power through Public Diplomacy", Montreal: McGill–Queen's University Press, 2009, p. 48.

④ 张笑一：《"超实力发挥"——加拿大公共外交的历史、特色及启示》，《国际论坛》2011年第3期，第38页。

虚无主义"问题。

自由国际主义在加拿大公共外交中一以贯之,与加拿大政治的自由主义传统有关。作为自加拿大建国以来执政时间最长的政党,自由党塑造了加拿大整个20世纪的政治面貌,著名政治学家约翰·梅塞尔评价称"加拿大政府与自由党之间的界限已经变得微不足道"。[1]实际上,即使是自由党以外的政党执政,自由主义也会作为最基本的主流意识形态指导着执政与政策推行,将几乎得到所有加拿大人的认同。[2] 加拿大国内自由主义意识形态的某些方面能够转换为公共外交的自由国际主义政策。例如,加拿大中产阶级使以利他为核心的人道国际主义成为一种主流意识形态,而这种意识形态成为了推动政府开发援助的主要动力。

实用性是加拿大在公共外交中运用自由国际主义的另一独特之处。实用性意味着自由国际主义不能只是一种"主义",而是一套以解决问题为核心的灵活方法。在埃里克·托马斯·韦伯看来,"主义"或是"原则"并不是公共政策伦理中最重要的成分,它们应被看作用来解决问题的、可试验的工具,因此应根据现实情况审视、调整原则,而不是死守一套过时的原则。[3] 实用性使加拿大公共外交免于对一套利他主义、"普适价值"的狂热信仰,而是根据现实条件更好地服务于国家利益。实用性能够解释为何自由国际主义在不同时期有"变",即被各届加拿大政府赋予不同的内涵。正是得益于这种应时而变的特性,加拿大的自由国际主义才得以在加拿大的公共外交中保持长久的地位和影响。

---

[1] David McGrane and Neil Hibbert eds., "Applied Political Theory and Canadian Politics", University of Toronto Press, p. 43.

[2] 张宏艳:《加拿大政党制度及执政方式研究》,《黑龙江省社会主义学院学报》2006年第2期,第30页。

[3] Eric Thomas Weber, "Morality, Leadership, and Public Policy: On Experimentalism in Ethics", London: Continuum International Publishing House, 2011, pp. 2 - 3, 53.

二、加拿大公共外交的主体：紧密联系公民社会

现有理论多认为公民社会对外交政策的影响是间接的，[①] 它们讨论的常常是公民的个人意志如何传达并反映在外交政策上。但在公共外交中，本国公民社会不仅可以间接产生影响，还可以直接成为外交的参与者；此时公民个人意志不只是左右决策的一个声音，还成为了行动过程的一部分。加拿大公共外交是与公民社会交融的一个范例，加拿大的民众和非政府组织在其中发挥了尤其重要的作用。

（一）表现

加拿大的公共外交资源向民众开放，这为民众讨论公共外交决策、参与公共外交行动奠定了基础。非政府组织也参与了公共外交议程的塑造，为政府顺利推进公共外交提供了支持，并在客观上提高了加拿大国家形象的立体性和可信度。智库作为一种"知识密集型"的非政府组织，为公共外交贡献了独特的智力支持。

历史上，加拿大许多公共外交内容不仅面向国外受众，也服务于国内民众。例如，麦肯齐·金时期设立的一批包括国家电影局、战时新闻委员会、加拿大广播公司在内的宣传机构，起初都是为了促进不同地区的加拿大人相互了解，或宣传战时政策、增强国内凝聚力，只是后来由于战争需要衍生出了面对外国民众的公共外交的功能。皮尔逊时期的加拿大艺术委员会虽然举办了多样的文化交流

[①] Kim Richard Nossal, "Analyzing the Domestic Sources of Canadian Foreign Policy", International Journal: Canada's Journal of Global Policy Analysis, NO. 39, 1983/1984, pp. 2–9.

活动，向国际受众投射了加拿大的文化和价值观，但最初委员会建立是基于发展加拿大文化的现实需求，其宗旨是"促进加拿大艺术研究和文化产品的创作，丰富加拿大人民的精神文明生活"。① 克雷蒂安时期，加拿大外交部开展公共外交项目，举办了一系列以国外民众为目标群体的文化、艺术和学术活动；② 与此同时，公共外交项目也涵盖了大量聚焦国内民众的计划，鼓励民众积极讨论国内事务，在魁北克独立公投的背景下，这有利于构建民族认同和维护国家统一。

在对公共外交有所认识的基础上，民众才能为其建言献策，才能"有话可说"并且感到"不得不说"。早在皮尔逊时期，民众就有关心公共外交、督促改进工作的热情；随着文化外交的发展，许多加拿大人将目光投向国外以及国际事务，并发现了加拿大对外宣传工作的匮乏，批评的声浪接踵而至。③ 这促使皮尔逊政府对公共外交开展了一次空前详细的审查，明确了公共外交的目标和意义，对于加拿大公共外交的长期发展产生了深刻影响。随着技术进步，加拿大政府还利用互联网为民众表达观点提供更多的便利。克雷蒂安时期，外交部部长比尔·格雷厄姆重视民众的作用，认为他们能促进外交政策更好反映加拿大价值观和利益，于是撰写了18页的《对话文件》，邀请加拿大民众参加线下或线上的讨论活动，其中民众可以通过电子对话网站参与外交政策的磋商。④ 电子对话网站内容丰富，其中就包括对关于公共外交作为"第三支柱"的讨论，这

---

① J. L. Granatstein, "Culture and Scholarship: The First Ten Years of the Canada Council", The Canadian Historical Review, Vol. 65, NO. 4, 1984, p. 445.

② 唐小松、吴秀雨：《加拿大新公共外交评析》，《国际论坛》2010年第6期，第1页。

③ L. A. D. Stephens, Study of Canadian Government Information Abroad 1942 – 1972: The Development of the Information Cultural and Academic Divisions and Their Policies, Department of External Affairs, 1977, Chap. 8, p. 24.

④ A. Thompson, "Minister wants input on foreign policy", The Hamilton Spectator, Jan. 23, 2003.

提高了民众在公共外交中的话语权，也为政府公共外交未来的工作方向提供了思路。

民众对政府开展对外宣传工作提供了丰富的意见，但加拿大公共外交没有止步于此，加拿大政府还为本国民众提供机会直接与国外民众接触，通过"公民外交"实现民心相通，更直接、具体地传播国家形象。"公民外交"是个体公民帮助塑造国际关系的权利和责任，民众作为"非官方的大使"，通过参与交换项目走到海外，或与来自海外的交换项目参与者交流互动，从而在公共外交前线发挥作用。[1] 以交换项目为形式的国际教育援助或文化交流项目是"公民外交"的典例。例如，自 1973 年开始的中加学者交换项目延续至今，中加双方派出学生和学者到对方国家学习或从事人文社科研究。人员交流为两国民众提供了关于对方信息的一手资料，凝聚了中加人民的情谊。

非政府组织在公共外交中贡献了同样重要，甚至更为重要的力量，它们参与塑造了公共外交的议程，并为政府顺利推进公共外交提供了支持。1995 年，由多个加拿大当地组织联合组成的"地雷行动（加拿大）"通过写信游说政府官员、发起民众请愿，成功引起加拿大政府的重视，推动政府领导全面禁雷议程。此后，以"地雷行动（加拿大）"为代表的非政府组织还被纳入政策商讨，并作为加拿大代表团的一部分参与 1996 年联合国《特定常规武器公约》审查会议，在禁雷问题上与政府密切合作。当然，非政府组织并非总是支持、配合政府公共外交工作的。作为"第三部门"，非政府组织必然要保持其独立性，因此可能对政府的某项政策持反对立场，但无论是赞成还是反对，这种第三方观点的引入本身就彰显了加拿大公民社会活跃的民主特色。在不同观点的碰撞中，加拿大的国家形象也更加真实而立体。例如，当 2008 年加拿大因增加可猎

---

[1] Nancy Snow, Phillip M. Taylor eds., "Routledge Handbook of Public Diplomacy", Taylor & Francis e-Library, 2008, p. 120.

杀的海豹配额而遭遇国际形象危机时，一些加拿大非政府组织加入了谴责的行列，但同时另一些非政府组织解释了猎杀海豹对当地居民维持生计和保持生态平衡的重要性，因此国际舆论很快就平息了。①

　　智库作为一种非政府组织整合了多方资源，为加拿大公共外交提供了坚实的智力支持。智库凭借其自身的独立性、思想创新能力、专家地位和舆论影响力，成为西方现代公共外交的人力资源。②加拿大智库主要提供政策研究与评估，③为公共外交政策提供建议。例如，1994年由麦吉尔大学联合支持建立的麦吉尔加拿大研究所除了学术项目以外，每年还会举办向公众开放的会议。在2016年贾斯汀·特鲁多政府上任之际，研究所举办了题为"世界舞台上的加拿大：探索加拿大在世界中的形象和作用"的会议，邀请政府官员、活动家、外交官、学者和专家探讨加拿大未来在国际社会中如何自我定位、呈现出什么样的形象，④为小特鲁多时期公共外交开启新篇章提供建议。

（二）原因

　　重视公民社会是公共外交本身的发展的内在要求；同时，与公

---

① 张笑一：《"超实力发挥"——加拿大公共外交的历史、特色及启示》，《国际论坛》2011年第3期，第36页。

② 林逢春、王瑜、李佩彤：《西方公共外交的特点与启示》，《党政论坛》2014年第3期，第59页。

③ 林逢春、王瑜、李佩彤：《西方公共外交的特点与启示》，《党政论坛》2014年第3期，第60页。

④ McGill Institute for the Study of Canada, "2016 Annual Conference: Canada on the Global Stage: Exploring Canada's Image and Role in the World / Le Canada à l'échelle Mondiale: Une Exploration de l'image Du Canada et de Son Rôle Dans Le Monde", https://www.mcgill.ca/misc/channels/event/2016 - annual - conference - canada - global - stage - exploring - canadas - image - and - role - world - le - canada - lechelle - 257089.

民社会保持密切联系也是加拿大构建民族认同的需要。

保持与公民社会的密切联系是有效公共外交的一种要求。事实上，近现代以来公共外交的兴起本身就得益于公民社会的形成。一方面，民众对政治民主化的呼声对外交民主化提出了越来越高的要求，民众对包括公共外交在内的外交活动的参与意愿与能力增强。另一方面，一国政府可以通过影响他国民众对本国的认知来影响他国政府对本国的决策。因此加拿大政府在公共外交中重视公民社会，接受社会批评、动用社会力量，就成为了自然而然的要求。世界各国中许多成功的例子表明，公民社会在公共外交中的作用不容小觑。与国内公民社会的紧密联系对提升公共外交工作有双重作用。一方面，公民社会能帮助政府改进公共外交政策；另一方面，公民在讨论、参与公共外交事务中产生主人翁的自豪感，将国务视为己务，有利于塑造有凝聚力的国家形象。

公共外交与公民社会交融也是加拿大构建民族认同的需要。民族认同与公共外交之间存在一种互动关系。一方面，民族认同是有效公共外交的基础。"一个国家能否在海外传播自己的民族形象受国内民众的民族认同感或自豪感影响。"[①] 本国国民对其国家形象认知越清晰、认同越强，一国的国际形象传播就越容易。例如，加拿大一直在寻求摆脱"美国第 51 个州"的身份，树立一种不同于美国的文化认同，这是加拿大公共外交树立国家品牌的必由之路。另一方面，公共外交反过来有利于促进民族构建。这种作用可以是官方主导的，如将法语文化纳为加拿大身份的一部分，并在各文化交流活动中加以宣传，维护国家统一。这种作用也可以从公民社会参与公共外交的过程中产生，如加拿大在公共外交事务中展现出自由主义价值的倡导者、助人为乐的施予者、人类安全的捍卫者等形象，使其国内民众对此能产生更深刻的体会和更强烈的认同。

---

① Evan H. Potter, "Branding Canada: Projecting Canada's Soft Power through Public Diplomacy", Montreal: McGill-Queen's University Press, 2009, p. 31.

三、加拿大公共外交的媒介：跟随技术潮流

公共外交是以国外民众为对象的外交工作，试图树立本国形象、影响国外民众对本国的态度。国外民众对一个国家的认知和态度在很大程度上通过媒体形成，因此，公共外交的核心载体之一是"倚重和借助大众传播"①的国际传播，而传播媒介在其中发挥了某种决定性的作用。人类历史上曾出现四次传播革命：文字发明标志着人类进入文明时代；古登堡印刷术的发明、推广打破了空间局限；无线电的发明打破了时间、空间的障碍，电子时代来临；互联网传播实现了多媒体技术的整合，推动了全方位的传播革命。②加拿大公共外交诞生于电子时代中期，在互联网时代走向繁荣，其传播媒介与时代技术同步发展，主要经历了广播、第一代网络、社交网络三个阶段。

（一）表现

国际广播指的是面向国外受众进行的广播，是公共外交的有力手段之一。③短波广播技术以其传播速度快、覆盖面广、打破国界

---

① 叶皓：《公共外交与国际传播》，《现代传播》2012年第6期，第11页。
② 李良荣：《透视人类社会第四次传播革命》，《新闻记者》2012年第11期，第3—4页。
③ O'Keeffe Annmaree and Alex Oliver, "International Broadcasting and Its Contribution to Public Diplomacy", Lowy Institute for International Policy, Sep. 9, 2021, p. i.

限制的优势，为公共外交提供了高效的手段。① 从二战到冷战，国际广播在加拿大公共外交中受到青睐。加拿大广播公司于二战全面爆发前建立，在二战中，它不仅在国内发挥着建立统一身份、弥合对战争政策的分歧、鼓舞民众精神的作用，其国外分支——加拿大国际广播电台——更是在跨国新闻方面做出了巨大贡献，加速了反法西斯战争的胜利。正如美国哥伦比亚广播公司驻伦敦记者爱德华·默罗所说，"如果你相信这场战争的胜负将由后方民众决定，那么你就必须相信作为战争工具的广播是一个国家所拥有的最有力的武器之一"，② 加拿大国际广播电台在二战末期对欧洲的心理战中击溃了德意志的最后一道防线，证明了国际广播在公共外交中的影响力。进入冷战时期，国际广播迎来了世界范围内的黄金时代。③ 在加拿大，国际广播虽然在总体上没有得到足够的重视和资金支持，④ 但还是成为了向东方阵营国家传播西方意识形态的重要工具。20 世纪 50 年代开始，经费缩减迫使加拿大国际广播电台调整重点以更好地协助民主阵营。1951 年，加拿大国际广播电台开始用俄语广播，原先增设的芬兰语、丹麦语、瑞典语、挪威语和荷兰语广播被缩短或删除；1956 年，在匈牙利革命的推动下，加拿大国际广播电台开播匈牙利语节目。⑤ 这些广播节目体现了加拿大等西方国家的价值观，塑造了加拿大自由、民主、包容的国家形象。

---

① 尹朝晖：《西方公共外交传播方式及其启示》，《理论探索》2014 年第 2 期，第 79 页。

② E. R. Murrow, "This is London", New York: Simon and Schuster, 1941, p. 76; 菲利普·赛博：《跨国新闻、公共外交及虚拟国家》，《国际新闻界》2010 年第 7 期，第 12 页。

③ 尹朝晖：《西方公共外交传播方式及其启示》，《理论探索》2014 年第 2 期，第 79 页。

④ Evan H. Potter, "Branding Canada: Projecting Canada's Soft Power through Public Diplomacy", Montreal: McGill – Queen's University Press, 2009, p. 160.

⑤ "Radio Canada International：70 多年历史的加广大事记"，https://www.rcinet.ca/rci70 – zh/2015/02/18/5/timeline/。

20世纪90年代，互联网迅速崛起，成为公共外交的新兴媒介。传统国际大众媒体的垄断权力开始消解，"互联网外交""电子外交"等成为公共外交的新形式，① 基于互联网的留言板、聊天室等"新媒体"成为连接国内民众、政府、国外民众三者的桥梁。自20世纪90年代后期起，加拿大就开始着力建设网络公共外交的能力，通过建立门户网站或专题网站以推进特定的公共外交目标逐渐成为加拿大政府的特长。克雷蒂安时期的公共外交项目中，加拿大扩展了许多以青年人为受众的网站，其中，外交部开发的青年门户网站，从国际职业发展相关信息到专为教师设计的授课内容尽在其中，② 这有利于激发加拿大青年参与公共外交事务的热情。同时，加拿大还利用互联网使分散在世界各地的公共外交工作更加便利高效，加拿大传播局在2001年推出了"推广加拿大海外倡议"，将制作好的外宣资料分发给各地使团，并且设计了一个专门的网站以随时更新资源，这统筹了加拿大驻外使团的宣传工作，从而有利于建立加拿大完整、多面、统一的海外形象。该时期加拿大还积极推进政务电子化，建立了统一的国际门户网站，不仅使国内民众享受到护照、领事服务的便利，还改善了外国人（游客、商业伙伴和学生等）对相关信息的获取渠道，展现了加拿大的良治形象。③ 为推进国际禁雷议程，加拿大外交部还设立了专门的地雷议题网站，实时播放加拿大与禁雷核心集团其他国家的系列会议。虽然第一代网络时期传播模式以用户浏览和获取为主，④ 但值得一提的是，克雷蒂安政府

---

① 尹朝晖：《西方公共外交传播方式及其启示》，《理论探索》2014年第2期，第79页。

② J. Bátora, "Public Diplomacy in Small and Medium-sized States: Norway and Canada", Netherlands Institute of International Relations Clingendael, 2005, p. 15.

③ Evan H. Potter, "Cyber-diplomacy: Managing foreign policy in the twenty-first century", Montreal: McGill-Queen's University Press, 2009, p. 190.

④ 叶仪：《试论Web2.0时代公共外交与公众舆论的互动》，《新闻大学》2014年第2期，第116页。

还建立了外交政策电子对话网站，让公民直接参与外交政策的讨论并取得了热烈的反响，这种借助第一代互联网平台调动公民参与、互动的做法使得加拿大的公共外交非常自然地过渡到了互动性更强的社交网络时代。

从第一代互联网到社交网络（或称Web2.0）的转变把公共外交带到了一个全新的时代。新时期传播特点的主要转变是用户从内容的消费者转变为创作者、传播者和行为者，原来单向的、容易被精英和专业从业人员操控的传播模式现在互动性变得更强，① 网络社区、社交网站、博客等成为新媒介。互联网日益呈现出开放、去中心化的趋势，这可以打破传统媒体在开展公共外交活动时与其受众难以逾越的隔阂，减弱"说教"氛围，提高受众接受度。② 加拿大抓住了社交网络时代的机遇，大力发展数字外交。哈珀时期社交媒体方兴未艾，加拿大积极利用社交媒体与奥地利、中国和伊朗民众展开外交活动，其中加拿大驻华使馆通过微博展开公共外交更是赶上了中国微博井喷式发展的浪潮，获得了网民的广泛关注，成功地传播了加拿大信息，促进了中国民众对加拿大的理解。小特鲁多时期延续了哈珀政府的做法，利用社交媒体与国外民众接触，而且进一步扩大受众，加拿大外交部使用推特、脸书等社交媒体开展公共外交更显活跃，使得加拿大与外国民众接触的广度、深度和频度都大大增强。

（二）原因

加拿大公共外交媒介紧跟技术潮流，这与公共外交以国外民众为对象的属性有关。另外，加拿大的技术优势和外交传统也为公共外交

---

① 叶仪：《试论Web2.0时代公共外交与公众舆论的互动》，《新闻大学》2014年第2期，第116页。

② 廖雷：《提升外交"四力"的重要新渠道——试析"新新媒介"在公共外交中的作用》，《当代世界》2011年第11期，第49页。

的工具更新提供了条件和动力。

公共外交通过何种媒介与对象国民众产生广泛、及时、紧密的联系是公共外交必须思考的问题。公众注意力所在的地方往往就是公共外交开展的地方。因此，传播方式发生改变带来了公共外交赛场的转移。与此同时，新的传播方式固有的特点常常更加优胜，与旧的传播方式相比，在服务于公共外交方面更胜一筹，例如广播电视突破了原有纸质传媒的时空限制，互联网又突破了广播时代的单向性，这些进步都有利于拉近与国外民众的距离。但是，也有公共外交官员指出，数字时代的新公共外交给他们带来了挑战，比如"互联网传播谣言的速度比当局澄清事实的速度要快……利用信息来控制谣言将是一个主要问题"。[1] 公众获取信息的习惯既引导了公共外交使用媒介的方向，又使公共外交官员不得不面对新媒介的弊端，并寻找应对方法。

加拿大的信息技术优势为政府利用互联网开展公共外交提供了条件。加拿大是通讯技术发达国家，计算机联网程度高，且加拿大政府自20世纪80年代起就着力于发展信息技术，给予信息技术财力支持、扶植其开发和应用。[2] 这些有利条件使加拿大能迅速适应信息时代的变革，将互联网作为公共外交的有力抓手。此外，运用互联网开展公共外交还有利于打造加拿大作为信息技术强国的国家形象。在克雷蒂安时期，加拿大作为信息技术强国的国际形象并不鲜明。因此，以互联网技术为手段开展公共外交，既传播了内容又彰显了手段，达到了事半功倍的效果。

大众媒介的发展使得信息传递成本下降、信息量迅速膨胀，外交

---

[1] Joe Johnson, "How Does Public Diplomacy Measure Up?", Foreign Service Journal, NO. 10, 2006, pp. 44 – 52. Cited in Nancy Snow, Phillip M. Taylor eds., "Routledge Handbook of Public Diplomacy", Taylor & Francis e – Library, 2008, p. 7.

[2] 蔡恒胜、顾明达：《加拿大高技术——信息技术发展的特点》，《全球科技经济瞭望》1988年第1期，第20—21页。

机构无法继续保持对于相关信息的绝对控制。① 而具有重视民众参与的外交传统的加拿大②在此背景下却能迅速适应，并利用互联网尤其是社交媒体大众化、互动性强的特点来开展新时期的公共外交。在决策方面，加拿大民众能对公共外交工作进行讨论、发表意见，提高了公共外交决策的民主性；在对外宣传方面，互联网时代的公共外交搭建了加拿大政府与国外民众之间直接沟通的桥梁，二者至少在形式上以更加平等的姿态相处。

当代国际关系已经进入了一个"公共外交时代"。③ 全球化深入发展使得一国民众对自己国家以外的世界越来越关心；政治民主化进程使得一国民众对政府决策的影响力日益增强；信息技术使个人接收、传播信息的能力加强，为个体参与、构建公共议程赋能；衡量国家实力的指标不再局限于经济、军事等"硬实力"，制度、文化等"软实力"竞争凸显了一国的国际形象的重要性。这些因素都使得公共外交的重要性不容忽视。加拿大公共外交实践既延续传统又崇尚创新，在秉持其自由国际主义的基本价值观的基础上，与公民社会交融，并借助技术手段与时俱进，这些使得加拿大虽为中等国家，却树立了一流的国际声誉，其公共外交的独到之处值得各国借鉴。

---

① 叶仪：《试论Web2.0时代公共外交与公众舆论的互动》，《新闻大学》2014年第2期，第116页。
② 张笑一：《"超实力发挥"——加拿大公共外交的历史、特色及启示》，《国际论坛》2011年第3期，第37页。
③ 刘德斌：《公共外交时代》，《吉林大学社会科学学报》2015年第3期，第6页。

图书在版编目（CIP）数据

加拿大公共外交的历史、特色与启示/张笑一著.—北京：时事出版社，2022.4
ISBN 978-7-5195-0467-0

Ⅰ.①加… Ⅱ.①张… Ⅲ.①外交—研究—加拿大 Ⅳ.①D871.10

中国版本图书馆 CIP 数据核字（2021）第 273145 号

出版发行：时事出版社
地　　址：北京市海淀区彰化路138号西荣阁B座G2层
邮　　编：100097
发行热线：(010) 88869831　88869832
传　　真：(010) 88869875
电子邮箱：shishichubanshe@sina.com
网　　址：www.shishishe.com
印　　刷：北京良义印刷科技有限公司

开本：787×1092　1/16　印张：13.5　字数：190千字
2022年4月第1版　2022年4月第1次印刷
定价：90.00元

（如有印装质量问题，请与本社发行部联系调换）